そら、そうよ

勝つ理由、負ける理由

岡田彰布
AKINOBU OKADA

宝島社

はじめに

日本のプロ野球は、12球団がセ・リーグとパ・リーグに分かれてシーズンを戦う。野球とは勝敗を競うスポーツである。ゆえに、勝つチームがあれば当然、負けるチームもある。どのチームも同じく勝つことを目標に準備し、戦っているのに、結果には明確な差が出る。

ドラフト制が施行されて以降は、V9時代の巨人のように、圧倒的な戦力を長く保持し続けるチームはなくなった。それでも、その後に黄金期を築いたチームは、いくつかある。巨人も2000年代半ばにしばらく優勝から遠ざかったが、その後は再び力をつけてきて、今また強豪に返り咲いている。ドラフトが戦力の均衡に一定の役割を果たしたなかで、かの球団たちはなぜ王朝を築けたのか。

勝ち続けるチームがある一方で、1990年代の阪神のように、とめどもなく負け続けるチームもある。負の要素は突然、降って沸いてくるのではない。その原因がどこにあるのか、当事者たちは往々にしてわかっていない。対処が遅れると負は連鎖をはじめ、チームが坂道を転がり落ちるスピードは加速度的に増す。気が付いたときには、取り返しのつかないことになっている。

私は80年にプロ入りして、現役時代は85年に阪神、95年にオリックスで優勝を経験した。そんな栄冠とはまったく逆に、私の現役半ば以降の阪神は、いわゆる〝暗黒時代〟と呼ばれたチームの低迷期で、そのあいだに四度も最下位を味わった。

95年にオリックスで現役を退いたあとは、そのまま指導者に転じ、オリックスの二軍助監督時代に一度、阪神では二軍助監督と二軍監督で計四度、ウエスタンリーグで優勝を果たした。

その後は2003年に星野仙一監督のもとで、この年にチームが果たした18年ぶりの優勝に、一軍内野守備走塁コーチとして関与した。04年からは阪神の一軍監督に就き、05年に優勝したのをはじめ、在任した5年間は初年度の4位を除いてすべて優勝争いに絡み、Aクラスに入り続けることができた。しかし、10年から3年間監督を務めたオリックス時代は、すべてBクラスに終わり、12年は最下位に沈んでしまった。

私はセ・リーグの野球も、パ・リーグの野球も体験した。

そのどちらでも選手、一軍監督、さらに指導者として二軍にもかかわった。

そうして両リーグで、勝つチームと負けるチームを経験してきた。

なぜチームは勝ち、どうしてチームは負けるのか――。

その1つひとつには、すべて原因と理由がある。

本書では、私が選手、指導者として過ごしてきたプロ野球生活30余年のなかで経験したことをもとに、それを綴っていこう。

岡田彰布

目次

＊本文中のデータは、２０１４年2月10日現在のものです。

●Staff
編集＝山崎 准、池畑成功
構成＝カワサキマサシ
デザイン・DTP＝平田治久（NOVO）
カバー・本文撮影＝尾上達也
校正＝福島恵一
協力＝阪神甲子園球場

序　章

そら、そうよ

0-1 戦力以上の違い

勝つチームと勝てないチームにある、戦力以上の違いとは何か

プロ野球における「戦力」とは、一般的には選手を指し示す。プロ野球は、実力をカネで評価される世界だ。年俸をたくさん得ている選手は、能力が高い。しかし、そういう選手を多く取り揃えれば勝てると考えるのは、あまりにも単純すぎる発想だ。

２０１３年４月に日本プロ野球選手会が、その年の各球団の外国人選手を除く、支配下選手の平均年俸を発表した。その数字を、引用する。カッコ内の丸囲み数字は、13年のペナントレースの各リーグでの順位である。

１、巨人（６１５５万円・①）

2、中日（5198万円・④）
3、ソフトバンク（4152万円・④）
4、阪神（3861万円・②）
5、オリックス（3726万円・⑤）
6、日本ハム（3575万円・⑥）
7、西武（3507万円・②）
8、ロッテ（3430万円・③）
9、ヤクルト（3077万円・⑥）
10、楽天（2964万円・①）
11、広島（2700万円・③）
12、DeNA（2467万円・⑤）

平均年俸が2、3位の中日とソフトバンクがそれぞれリーグ4位に終わるなど、年俸の多寡は、必ずしも順位に反映されていない。13年に球団創設9年目で初のリーグ優勝を果たした楽天にいたっては、選手平均年俸は12球団中10位で、パ・リーグではもっとも少ない。その楽天は、平均年俸が倍以上もある巨人を日本シリーズで下し、これも球団初の日本一を手にした。

安易な方法で戦力を整えて勝てるなら、財力のある球団がいつも優勝する。それでは、13年の楽天の日本一は説明がつかない。ではなぜ、こんなことが起こるのか。それは戦力とは、選手のことばかりではないからだ。プロ野球の戦いは、グラウンドだけにあるのではない。グラウンドで勝つための勝負は、それ以前の段階から始まっている。

戦力は、何もせずして整わない。球団には外国人、FA、ドラフトなどで、戦力を整えることを担当する部署がある。これらは現場の意見を取り入れながら、球団のすべてを統括するフロントが、主導権を持って行う。

外国人、FAの選手は即戦力であるが、ただ闇雲に集めても良薬にはならない。それどころか一歩間違うと、チームの将来に害をもたらす場合もある。近視眼的に即戦力補強に走ると、その歪みはいつか必ず生じる。目の前だけではなく、将来も含めたチーム像に、確かなビジョンを描けるフロントでなくてはいけない。

ドラフトで獲得した新人選手の場合は、多くがすぐには戦力にならない。未熟な選手を戦力に仕立て上げるためには、育成が必要になってくる。選手によって、新人の時点での能力には差がある。そんなルーキーたちをどのような方針で、どのくらいの時間をかけて育てていくのか。それはフロントとユニフォームを着ている現場が意思を統一して、共同作業で行うべきものである。

監督選びも、フロントの仕事だ。監督によっては采配を振るうばかりでなく、短期的であれ中~長期的であれ、チームづくりに関与する者もいる。監督の能力がチームに及ぼす影響は、決して少なくない。そして監督にも、適材適所がある。戦力が整った状態で勝つことのみに特化した監督もいれば、選手を育ててチーム力を底上げすることに長《た》けた育成型の監督もいる。そのときのチーム状況に適した人材を起用しなければ、選ばれた監督も力を発揮できない。

そうして集まった戦力を手に監督が指揮を執り、戦力である選手はグラウンドで結果を出す。そこで勝敗を分けるのは、ユニフォームを着て戦う現場とフロントの力が、いかに有機的に合わさっているかである。

戦力以上の違いとはつまり、ユニフォームを着た現場組と、背広を着たフロント組を合わせた、球団全体の組織力の違いだ。

なぜ阪神では勝てて、オリックスでは勝てなかったのか

私は阪神で04〜08年の5年間、オリックスでは10〜12年の3年間、それぞれ一軍監督として、チームを率いた。その間の通算勝敗は、阪神時代が393勝307敗（18分け）で勝率は・561。監督初年度は4位だったが、2年目の05年はリーグ優勝を果たした。それ以後も退任するまで、すべてのシーズンでAクラスに入った。オリックス時代は195勝216敗（21分け）、勝率・474。1年目の10年は交流戦優勝を果たし、2年目は1毛差で3位を逃したが、勝率は5割を超えた。しかし勝負をかけた12年は、故障者が続出する不運に見舞われて低迷。シーズン終盤に休養という扱いになり、チームは最下位に終わった。

阪神は完成された選手が多く、チームとしても成熟していた。一方のオリックスは、私が監督になる前の10年間で九度のBクラス、そのうち5回も最下位に沈むという惨状だった。選手の完成度、チームの成熟度は阪神と比較にすらならず、それゆえに成績を残せなかった部分は、少なからずある。

ではなぜ、阪神は完成された選手が揃い、成熟したチームになれ、オリックスはそうなれなかったのか。その原因はさまざまな要素が絡み合うが、その答えを端的に出すとするなら、組織力の違いだ。

私が一軍監督を務めたのは、今のところ阪神とオリックスだけである。しかしこの2球団は、同じプロ野球球団でありながら、チームづくりのビジョン、現場との関係性、選手育成に関する哲学など、あらゆることが違っていた。

阪神では強い組織をつくることにフロントも理解を示し、お互いにスクラムを組んで前進した。オリックスでも、勝てないチームづくりをしているフロントの意識を改めさせるために力を尽くしたが、彼らに私の言葉は響かなかった。

私がチームを率いた時代の阪神は、勝つとはどういうことか、勝つためにはどうするのかに、現場とフロントの意識が統一された組織であり、オリックスはそうでなかったのだ。

そのことが、結果にははっきりと表れた。

第1章

勝つためのチームづくり

1-1 フロント

フロントの能力が、チームのゆくえに大きくかかわる

球団フロントの仕事は細かく分けるといくつもあるが、大別すると球団運営と、チームづくりの2つに分けられる。プロ野球球団に関する、あらゆる事柄の始まるところで、すべての根幹をなすところである。よって、ここがどのように機能しているかが、現場の成績に如実に表れる。

フロントにおけるチームづくりの仕事は、シーズンオフのドラフトから、キャンプが始まる前の1月まで。いわゆる、チーム編成の部分だ。今年勝てなかったのならその原因を明らかにして、どこを補強するかの方針を明確にし、チームの将来的な展望も加味したう

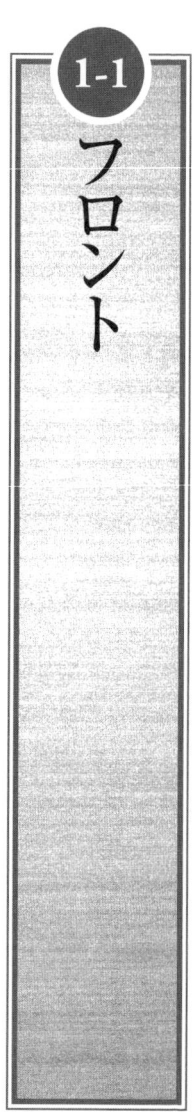

えで、それに基づいた選手獲得を行うこと。それが、いちばんの仕事だ。そこでフロントがチームの現状を正しく認識しているかは、かなり大事なことである。

そのシーズンの選手個々の調子だけで捉えるのではなく、絶対的に足りない部分は、どのチームにもある。とくに2013年の阪神は、チームのホームラン数が12球団で最下位と弱点が明確に表れた。しかし、確かに甲子園は広いが、その広い本拠地でシーズンの半分を戦うのだ。ホームラン数を増やすために、守備力に目をつぶって補強するのが、果たしていいことなのか。そういったところを冷静に分析して、補強の方針を決めないといけない。

オリックスのフロントは、チームづくりのビジョンがなかった

オリックスは長いあいだ勝てていないのだから、根本的に何かを変えないといけない。しかしフロントは次の年に勝つための、上辺だけの補強しか行ってきていない。そのうえオリックスという球団は、負けると現場に力がないと考える。自分たちフロントは、ちゃんと仕事をしていると思っている。だから負けると全部の責任が、現場に降りかかってく

る。それは1994年から8年間にわたって指揮を執った仰木彬監督が、2001年に退任して以降、私が監督になった10年まで、8年間で7人も監督が替わったことに顕著に表れている。毎年のように監督が替わるチームが、正常であるはずがない。

その一方で、フロントの人間はクビにならない。結果を正しく分析して、監督とフロントのどちらを変えるべきなのかを考えないといけないと、オリックスのフロントとはたびたび話をした。しかしサラリーマン感覚で仕事をしている彼らと、プロで野球を仕事にしている私とでは、まったく意見が合わなかった。オリックス時代はフロントと何度もケンカをして、最後の3年目には疲れ切っていた。

何を中心に据え、どういうチームをつくっていくのか。オリックスのフロントにはチームづくりに関するビジョンがなかった。補強したから勝てると、単純に考えていたとしか思えない。自分たちがやっているのは計画的な補強ではなく、場当たり的な穴埋めであることに、フロントの人間たちは気付いていなかった。

巨人の200発打線は、フロントがチームづくりの手法を間違っていた

チームづくりに関する、1つの例を挙げてみよう。巨人は長嶋茂雄監督のころにFAなどで他球団の4番打者を集めて、200発打線と謳っていたが、その弊害で二軍から若い選手が育ってこなかった。

09年に宮崎でWBC日本代表のキャンプがあり、評論家として現地に行っていた私に、球場で巨人の清武英利代表が、

「巨人は、若い選手が育ってこない。阪神ではどういう指導をしていたのか、聞かせてほしい」

そう言ってきたので、ネット裏のブースで話をした。

私が監督を務めていたころの阪神は、高卒で入団し、二軍で鍛えた井川慶、藤川球児、濱中治、関本健太郎（現賢太郎）らが一軍の戦力になっていた。巨人がどういう考えでFAになった選手を集めているのか尋ねると、清武代表は、

「二軍の選手が、一軍の戦力にならない。鍛えても良くならない。だから、ほかの球団からFAになった選手や実績のある外国人選手を獲るのです」

と、答えた。しかしそう考えるのは巨人のフロントだけだ。野手は、特殊性のある捕手を除いて、ポジションは7つしかない。そんな限られたところに外部から次々と4番打者

を集めると、若い選手が育たないのは当たり前だ。選手は二軍で鍛えて、一軍に上がってからも何回も失敗を繰り返し、経験を積んで育っていくもの。若手は失敗する機会を与えてやらないと成長しないという、私の考え方を話した。若い選手の指導方法以前に、巨人はチームづくりの手法を間違っていたのである。

その話をしてから清武代表は、二軍の練習場に足を運び、二軍の監督やコーチとミーティングを重ねるなど二軍を重視するようになり、やがて巨人はスターティングメンバーの多くを、生え抜きの選手が占めるようになった。それと比例して、チームは安定した強さを発揮するようになった。

外部の人間、しかも私はライバルとして巨人と戦ってきた人間である。そんな者の考えを取り入れ、既存の組織を一変させたのは、大したものだと感心した。

清武代表が球団を去ってから、巨人はまた他球団から選手を集めるようになってきている。13年のオフは、ＦＡで広島から大竹寛投手、西武から片岡治大内野手、さらに中日を自由契約になった井端弘和内野手を獲得した。あのまま自前の選手を育てていくシステムを継続していけば、巨人は今後も強さを持続し続けられると思っていたが、これからは果たしてどうなるのか。２００発打線のころに戻れば、また同じことの繰り返しになるはずだ。

フロントの描く将来ビジョンは、チームに大きな影響を与える

12年に打線が低迷した阪神は、そのオフにともにメジャー帰りの福留孝介、西岡剛を獲得し、さらにクレイグ・ブラゼルを解雇して、新外国人にブルックス・コンラッドを加えて13年を戦った。しかし結果は、チーム総得点はリーグ5位、チーム本塁打はリーグ唯一2ケタの82本に終わった。これでは補強が成功したとは、とても言い難い。

そうして打線にばかり重点を置いて補強しているうちに、気が付いたら主力投手は高齢化してきている。今年優勝するんだと目先ばかりを追って補強すると、のちのち必ず歪みが生じる。阪神は今、この状態に陥っている。

たとえば今すぐではなく、2〜3年後に優勝するとフロントが方針を明確にすれば、現場はある程度のことには目をつぶって、若い選手を鍛えながら起用する。そうしてしっかりと足場を固め、その後は常に優勝争いをするチームをつくっていく。そういう、未来図を描くことができる。

阪神という球団はファンが熱狂的であるあまり、その声を無視できないことはわかる。しかし単に補強したからといって、すぐに優勝できるものではない。短期的に無理のあるチームづくりをしていると、そのツケはあとで何倍にもなって跳ね返ってくる。これは今の阪神、オリックスのどちらにも言えることだ。今を戦いながら、フロントは常に中～長期的ビジョンを持っておかねばならない。

魅力ある選手を、フロントと現場が一緒になってつくらないといけない

当たり前の話だが、球団のフロントはチームが勝つとよろこぶ。勝つことで、球団や親会社が潤うからだ。現場にいると、フロントが商売のことばかり考えていると感じることもあるが、現場は勝つことしか考えていない。いい試合をしようとか、お客さんを呼ぼうとは、一切思っていない。

ではどうすれば、お客さんが来てくれるのか。私の持論は、魅力のある選手が集まった、魅力のあるチームをつくることだ。たとえば、阪神というチームを応援しに行くというのに加えて、金本知憲の4打席も楽しみで甲子園に行く。チーム全体だけではなく、そうい

う選手個人に付くファンが多くいるときは、チームは強い。今の阪神ファンはどちらかというと、勝ち負けだけを見に球場に来ているように思う。たしかに、魅力のある選手が少なくなっているのは否めないところではある。

選手個人に付くファンが多いということは、それだけ魅力ある選手がいるということだ。そういう選手を、フロントと現場が一緒になってつくらないといけない。それはやはり、生え抜きの選手だ。今の阪神がそうだが、生え抜きの選手の割合が少なくなると、チームとしての魅力は間違いなく薄くなる。

私は阪神で5年間、監督やコーチなどで二軍に携わった。昼に鳴尾浜で二軍戦を見て、その足で夜は甲子園でナイターを見るというファンは多くいる。彼らは若手が鳴尾浜から成長して、甲子園でプレーする姿を楽しみに追いかけているのだ。だから、よけいに思う。自前で育てた生え抜き選手を中心にすることが、本当のチームづくりではないかと。

今の日本の球団に、GM制は必要ない

13年オフに落合博満さんが中日のゼネラルマネージャー（GM）に就任して、最近また

GMというポジションが話題になっている。阪神も12年から、中村勝広さんをGMに据えている。しかし私は、日本の球団において、GM制は肯定的になれない。アメリカは予算の範囲でチームづくりの全権を与えられるが、自分で予算を握れない日本のGMは、ほとんど編成の一部門でしかない。

GMが1つの独立したポジションとして確立されているアメリカと違い、日本の場合は球団社長の下に球団本部長がいて、その下にGMというふうにランク付けがされている。日本のGMは、はっきり言ってチーママみたいなものだ。編成部長との棲み分けが曖昧で、仕事内容が重なるところも多い。そもそも編成部長がいればGMは不要で、逆もまた然りだ。

親会社からの出向者ではなく、アメリカ式に球団経営に特化した人間が社長になり、それと対等にGMの仕事ができるのであれば、それは理想的だ。しかし日本の球団はほとんどが赤字経営で、親会社からの補填に頼っている。そのような状態で、親会社の意向を無視するわけにはいかない。必然的に、親会社の力は強くなってくる。そのような日本のプロ野球の仕組みで、本来のGMの仕事が機能するとは思えない。私は今の日本の球団に、GMはまったく必要ないと思う。

フロントの決定事項だけが、紙切れで現場に降りてきたオリックス

フロントと現場の監督が話し合う場は、絶対に持たなくてはいけない。お互いがコミュニケーションを図るのは、シーズンを戦っていくうえでとても大事なことだ。であるにもかかわらず、オリックスはとにかく、フロントで決まったことの報告だけが、紙切れで現場に降りてくることが多かった。

1つの例が、ユニフォームである。戦いに臨むために着るユニフォームは、現場にとって大事なものだ。阪神のときはメインのユニフォームのデザインを替えるときも、交流戦用の特別のものをつくるときでも、春のキャンプにサンプルが3〜4着届けられて、私が宿泊していたホテルの部屋で、フロントと相談して決めていた。

ところがオリックスでは、私の知らないところですべてが勝手に決まっていたのだ。私の監督2年目にシーズン用のユニフォームのデザインが変わったが、手元に来るまでどんなものなのか、まったく知らなかった。ある日突然、渡されただけだった。サンプルも何も見ていない。

オリックスのときは、フロントと一緒に何かをやっているという感じは、まったくなかった。交流戦で昔の近鉄のユニフォームを着ることになったが、それも紙切れ一枚で「何月何日からの3連戦は、このユニフォームを着ます」と知らされただけ。相談などは、一切なかった。

私にとって近鉄は、現役時代も引退後もかかわりのなかった球団だ。交流戦で近鉄のユニフォームを着たときは、違和感しか覚えなかった。復刻ユニフォームを着ながら、ずっと釈然としない思いでいた。相談されて納得していたら気持ちよく戦えたかもしれないのに、そんなことにすら配慮がなかったのだろう。

オリックスのフロントとの話は、不要なトレード話ばかりだった

オリックス時代のシーズン中にフロントと話すことといえば、トレードの話が多かった。やたらとトレードの話を持ち込んできていた。しかし、そのほとんどは必要のないものだった。巨人の東野峻のトレード話は、私が監督3年目だった12年のシーズン中からあった。東野は10年に13勝したが11年は8勝、12年はほとんど二軍暮らしで未勝利だった。もう戦

力にならないと判断したので断ったのだが、私が退任したあとに東野＋山本和作に、オリックスは香月良太＋阿南徹を交換要員にトレードを成立させた。その結果は、13年の東野は6試合に登板して、1勝3敗に終わっている。

昔のオリックスは自前で育てた選手を中心にして、不足を補うためのトレードが上手かった。それが今は、トレードなどで外部から獲得した選手を軸にしたチームになっているのではないか。そう感じるのもあながち、間違いではないと思う。

ファンと同じような目線だった、オリックスのフロント

オリックスのフロントに関しては、今も忘れられないことがある。チームに加わってすぐ、フロントの人間が私に、

「キャッチャーの日高剛は、パ・リーグの全球団に配球を読まれている」

と言ってきたのだ。コーチや現場の者ならともかく、フロントの人間がだ。

「それは、フロントが私に言うことではないのと違いますか」

私はそう答えたが、あれには心底驚いた。

オリックスのフロントは、自分たちが野球をやっている感覚でいるようだった。しかし、フロントの人間が野球をやっているわけではない。はっきり言うと、野球を知らないことがほとんどだ。二軍の試合が終わると私のところにスコアブックのコピーが届いて、二軍の監督や打撃コーチから選手の状態などについての報告が来るのだが、オリックスはその前に、フロントの人間が私のところに来る。

「今日、T－岡田がバックスクリーンにホームラン打ったから、もう一軍に上げてもエエのと違いますか」

これは、本当の話だ。宮内義彦オーナーでも、そうだ。

「伊藤光、もう一軍に上げたらどうや」

などと、見てもいないのに、そう言ってくる。そんなことは、ファンの人が言っているのと変わらない。オリックスのフロントは、ファンと同じなのだ。フロントとしてプロではない。野球を知らないのに、野球にかかわってくるからおかしくなる。

フロントはフロントの仕事をして、チームは現場で野球をする。それぞれがうまく分かれて、機能しているのがプロ野球であるはずだが、オリックス球団はフロントの仕事がわかっていなかった。自分たちの仕事は現場と一緒という感覚になっているから、現場に入り込んでくる。お互いの仕事の棲み分けや、役割分担がわかっていない。だから平気で順番や手順を飛び越えて、私のところに驚く話だけが降ってくる。そんなことばかりだった。

オリックスの監督解任通告も、紙切れ一枚だった

私はかつてオリックスに、1994、95年に現役選手として、96、97年に二軍助監督兼打撃コーチとして在籍していたが、2010年に久しぶりに一軍監督で戻ってみると、近鉄との合併の影響もあっただろうが、まったく別の球団になっていた。

最初に在籍していたころは井箟重慶《いのうしげよし》球団代表の下で、しっかりとした球団運営がなされていた。当時のオリックスに球団社長はおらず、井箟代表が球団のトップだった。私は現役時代から井箟代表とよく話をさせてもらっていたし、仰木監督と井箟代表も学年は違うが、同じ昭和10年生まれでとても仲が良く、密にコミュニケーションをとっていた。あれだけフロントと現場がつながっていたから、チームが強かったというところは間違いなくある。それがしばらくぶりに帰ったら、紙切れ一枚の報告書で事を済ませる組織になっていて驚いた。

私が監督としてオリックスを率いた3年間は、すべてBクラスに終わった。3年目は契約最終年で、シーズン終盤に契約の延長がないことを告げられたが、残りシーズンは指揮を執ることになっていた。

しかし、最下位が確定してしまった時点で、球団はシーズン途中で私が休養すると発表した。事実上の解任であるが、これを告げられたのも一枚の紙切れ。試合に臨むために球場入りしたときに、紙を渡されて、それでおしまい。私には理解できないやり方で、ここに至った理由を聞くのも、もうアホらしく、何も聞かなかった。退任会見の場も与えられず、マスコミに応じたのは球場の駐車場。しかも普通に球場入りしたので、ポロシャツという出で立ちだった。

オリックスのフロントのどこに、野球選手や監督に対する敬意があったのか。あるいは、最初からそんなものはないのか。私には、まったくわからなかった。オリックス再建のポイントは、そういうフロントの刷新かと問われたら、私はこう答える。

「そら、そうよ」

1-2 監督

監督しだいで、チームは強くも弱くもなる

日本でプロ野球の監督になれるのは、12人しかいない。昔は現役時代にさしたる実績を残していなくても、阪急などを率いていた上田利治さんのように監督として結果を残した人もいる。しかしプロ野球が歴史を重ねた今は、現役時代の実績が薄いと、監督をするチャンスはなかなか巡ってこないだろう。

監督の能力がチームの結果に及ぼす割合は、決して少なくない。だが、シーズン中に監督の采配で勝てるのは3～4試合、せいぜい5試合あればいいところ。監督にとってそれ以上に大事なのは、シーズンが始まるまでの準備段階だ。シーズンを迎える前に自分の

チームの戦力を分析して、メドをつけておかないといけない。エースの投手は最低でも年間180イニングスくらい投げてくれて、2ケタ勝って、貯金を5つか6つつくってくれるだろうとか、そういう計算はシーズンに入る前にしておくべきことだ

ファンのあいだの開幕前の予想では、阪神はいつも90勝くらいすることになるが、それは大げさだとしても、最低でも70~80は勝てる戦力でシーズンに入らないと、やはり優勝を目指すのは厳しい。優勝を目指しているのに、計算してその数字に足りないのなら、オフの補強や、秋と春のキャンプのあいだに、それを埋めなければいけない。補強が必要なら、それをフロントに訴えかける。キャンプで選手の能力を高めるのなら、どのようなキャンプを過ごすのか。その準備をいかに整えられるかは、監督の手腕にかかっている。

監督は、チーム編成の視点を持たないといけない

これはどこの球団も同じだろうが、監督は編成会議にも加わる。阪神の場合はそれ以前にも何度か会議は開かれているが、夏の甲子園が終わったころの会議から、内容が本格化する。そこで、まずは戦力外にする選手を挙げていく。それがある程度決まったら、選手

の枠が空くので、その数に合わせてドラフトで獲得する選手を検討していく。たとえば内野手が補強ポイントであるなら、それをドラフトで獲得するのか、ドラフトの候補に目ぼしい選手がいないなら、オフのトレードで補うのか。トレードをするにしても、相手側の選手と、こちら側の交換選手を検討する必要がある。そういったことにも監督はかかわるので、編成的な視点も必要になる。

ドラフトでもトレードでも、選手を獲得するにあたって私は、スカウトや編成担当者に対して〝比較論〟を求めていた。足が速いという選手がいるなら、赤星憲広と比較してどうなのか。今在籍している一軍半的な選手と、これから獲得しようとしているアマチュアの選手とを比べて、どちらがチームの戦力になるか。そういう視点でスカウトや編成担当者に答えを求め、獲得する選手を見極めていった。

チームのOBが監督になることが理想

私はチームにいたOBが監督になることが、理想だと思っている。そのメリットはフロントにいる人間も含めて、チームを知っていることだ。阪神は野村克也さん、星野仙一さんと外部の人を監督に迎えたが、あまりにも勝てないでいたら違う血を入れることも、どこかで必要かもしれない。ＯＢ監督で必ず勝てるという保証はないので、そうするのも間違ってはいないと思う。

その一方でＯＢ監督のデメリットは、やはりそのチームしか知らないというところだ。同じやり方を繰り返し、どうしても1つの考え方や方法に凝り固まってしまいがちになる。その場合は、ほかの球団にいた人間をコーチに登用すればいい。練習ひとつにしても、チームによって違う方法でやっていたりする。同じようなプレーに対しても、違うアプローチで取り組んでいることもある。そういう新しいことを取り入れていけば、チームとしてさらに進化していくことができる。

だから私は、コーチングスタッフに少なくとも2～3人は、ほかのチームを知っている人間を入れておくべきだと思っている。意見が違ったら、話し合えばいい。チームが進化するために、その話し合いが大事なのである。

阪神では、リリーフから逆算してチームをつくった

私自身のことで言うと、監督をするにあたって自分がやりたい野球というものはない。自分のなかにいろいろな引き出しを持ったうえで、そのときのチームに事情に合わせた野球をする。そこにあるチームに入って、このチームならどういう野球をしたら勝てるかを探るほうが、私には合っている。

私の野球は、自分の野球観に固定観念を持っている野球ではない。だから日本代表の監督とか、そういうものには興味がない。足を使った野球をしたいから、12球団から足の速い選手を選ぶなどということは性に合わない。今あるものをどう良くするか、そしてどう勝つか。私は監督としては、そういうタイプなのである。

阪神の監督を務めたときも、打力にはあまり期待していなかった。あのチームは、投手が抑えて勝っていくチームだと思っていた。だからあのときは投手に重点を置いて、久保田智之、ジェフ・ウィリアムス、藤川球児の3人を、ああいう形でリリーフに据えた。あの3人はとにかく強力だったから、7回に入るときに1〜2点リードしていたら勝てる。リリーフから逆算して、チームづくりをした。

逆に私が監督を任されたときに、打線が破壊力のあるチームだったら、それを軸にしていただろう。13年のDeNAを例に挙げよう。チーム打率・262は巨人と並んでリーグ首位。チーム本塁打はリーグ3位の132本で、チーム得点630に至ってはリーグ唯一の600点代で1位である。翻って、チーム防御率はリーグワーストの4・50。もしあのチームを率いたら、投手には期待できない。1試合で少なくとも5点取らないと勝てない計算なのだから、とにかく打って打って、打ち勝つしかない。そういう野球をするしかない。

13年のDeNAの1試合平均得点は4・38。打ち勝つ野球をするなら、5点に足りない部分をどうするのか。それは監督が持っている引き出しのなかから、いろいろなやり方を引っ張り出してきて埋めるものだ。監督は自分のなかに、あらゆる引き出しを持っているべきなのである。

選手の能力、適性を見極めることは、監督の大事な仕事の1つ

監督の大事な仕事の1つは能力、適性など、選手を見極めることだ。05年の久保田、ウィリアムス、藤川のリリーフトリオ、いわゆるJFKを結成するきっかけになったのは、04年のこと。ウィリアムスは03年の阪神1年目からリリーフ専門の投手だったが、久保田、

藤川はまだ起用法が定まっていなかった。

04年8月にアテネオリンピックが開催され、12球団から各2人ずつ選手を供出することになった。阪神は安藤優也と藤本敦士がメンバーに入ったが、ウィリアムスもオーストラリア代表に選ばれ、阪神だけ3人の選手が抜けた。当時は安藤もリリーフだったので、後ろの投手が2人も抜けることになってしまったのだ。

それでオリンピック期間に藤川と久保田をリリーフに回し、適性を探ってみると、これはいけるとなった。それがあったから、05年はあの3人で後ろを賄おうとなったのだ。

藤川はずっと先発をやっていたが、私が二軍監督のときに、

「お前は、先発では無理や」

と言っていた。一軍に上がっても、監督が野村さんのときも、星野さんのときも、先発で使われたが結果は残せないでいた。藤川は二軍で先発をさせても5～6回、球数が80球くらいになったら、いつも打たれる。私は、

「今日は、先発の最終テストや。完投して投げ切れたら先発に使うけど、アカンかったら、次からはお前は中継ぎで、短いイニングしか投げさせられへん」

と告げて、ウエスタンリーグのトーナメント戦の中日戦に先発させた。この試合にはた

またま調整か何かで山﨑武司、大豊泰昭の一軍選手が出場していて、藤川は6回裏に2人にきっちりホームランを打たれた。私はあそこで、藤川に先発をあきらめさせた。もちろんある程度、そうなるだろうという予想は頭のなかにあった。

しかし、藤川は直球にスピードがあって、短いイニングなら活躍できると思った。だから生かせる道を探って、リリーフに配置転換したのだ。

藤川は、04年に私以外の人間が一軍監督だったら、03年の時点で戦力外になっていただろう。解雇リストに名前があったのを見て驚いた私が、それを撤回させたのだ。そうでなければ、藤川が高知商高のときから苑田聡彦スカウトが目をつけていた広島か、あるいはヤクルトあたりに拾われていただろう。

監督の手が及ばない、巡り合わせや運

もちろん選手に実力があっての話だが、そのときの首脳陣との巡り合わせや運というのも、選手の将来にかかわってくる。イチローも仰木彬さんと出会っていなかったら、あれほどの選手にはなっていなかったかもしれない。実際に実力があるのに、めぐり合わせや

運に恵まれなくて、辞めていった選手はいくらでもいる。首脳陣や監督に潰された選手も少なくない。

私が二軍監督のときに、ＰＬ学園から桜井広大が入団してきた。2月1日のキャンプ初日から、バットに当たったらすごい打球を飛ばしていた。それを見て、開幕から4番で使うと決めた。そのときにコーチにはこれから1年間、ずっと何も教えるなと指示をした。とにかく1年間は我流でもいい、三振してもいいから思い切りバットを振らせろと。

しかし私がそう言ったにもかかわらず、2人の打撃コーチは、私の見ていないところで桜井を取り合っていたと聞いた。良くなると思っているから、教えたくなる気持ちはわからなくもない。コーチたちが仕事をしようとしている気持ちを考えると、そこは難しいところだが、桜井の成長に影響した部分は少なからずあっただろう。

それに二軍の選手は、一軍に上げるタイミングも見計らってやらないといけない。調子がいい旬のときが、一軍に上げてやるべきタイミングだ。私が一軍監督のときも、調子のいい桜井を一軍に上げると言うと、

「あと1週間待ってください」

と、二軍の水谷実雄打撃コーチから返事が返ってきた。さらに続けて、

「あと1週間待ってくれたら、一軍仕様に仕上げます」

と言う。一軍仕様という意味はよくわからなかったが、こちらはそれなら1週間待とうと折り合った。そのあいだに二軍の試合が甲子園であって、球場で桜井の打撃を見ていたら、もう充分に一軍に上げていい状態だった。そう思って見ているときにレフト線にヒットを打つと、一塁を回ったところで肉離れを起こして、残りのシーズンを棒に振った。

その後の桜井は、目ぼしい成績を残せず、11年限りで戦力外通告を受けた。入団したときに少し肩を壊していたこともあったが、それを差し引いても桜井は運に恵まれなかった。選手の旬を見極めてやることはできても、運や巡り合わせなどは、残念ながら監督の手が及ばないところだ。

監督と選手の相性は無視できない

私が二軍を率いていたときに、今岡誠がファームに落ちてきた。そのころの今岡は野村克也監督に、「あいつは、覇気がない」などと言われ、何かと冷遇されていた。そんなあるとき、二軍戦で3番を打たせたら、その試合でホームランを2本も打った。

二軍戦のスコアブックは、一軍首脳陣の手元に届けられる。それを見た、一軍の松井優典ヘッドコーチが言ってきた。

「今岡の調子が、だいぶ良くなってきたみたいやな。そろそろ、一軍に上げるわ」

それを今岡に告げたら、なんと、

「一軍に行くのは嫌です。足を痛めたと、言っておいてください」

と言ったのだ。プロ野球選手が一軍に行きたくないなんて、普通は考えられない。今岡はそれほどまでに、野村監督と合わなかった。そうなるとこちらで判断して、守ってやるしかない。一軍に行くのに気分が乗らないのなら、無理やり上げてもダメだ。一軍でいい加減なバッティングをして、最悪の場合そこで潰れてしまう可能性もある。私は今岡が足を痛めたと、一軍に報告した。

私が監督なら、大谷翔平は打者だ

13年に投手と野手の二刀流で話題になった日本ハムの大谷翔平に関しては、栗山英樹監督が寵愛している様子を伝え聞く。評論家などは投手を推す声が多いようだが、私が監督なら大谷は打者として育てる。

投手と野手のどちらかならば、1週間に1回だけ試合に出る投手より、毎日試合に出る野手のほうが、ファンにとっては魅力的なのではないだろうか。私が野手だったから、余計にそう思うのかもしれない。大谷を投手で育てるべきという人は、投手でダメになっても、いつでも野手に転向できると考えているのだろう。だが実際は、そんなに簡単な話ではない。

日本ハムは13年の開幕前に糸井嘉男をオリックスに放出したので、1年目からライトで起用して野手として育てていくものだと思っていたが、大谷のルーキーイヤーは中途半端に終わってしまった印象だ。このまま二刀流を続けるなら、投手として年間6勝くらい、打者としては2割5分ほどの、投打とも並の選手に終わってしまうかもしれない。

ファンに大谷を見に行きたいと思わせる、魅力的な選手になる可能性が充分にあるからこそ、今のままではもったいない。大谷の育成方針に、栗山監督がどこまで関与しているかはわからないが、現場の長として、そして本人のためにも、早々に決断を下すべきだろう。

中日黄金期を築いた落合博満監督は、育てる監督ではなかった

中日は落合博満監督が率いた04〜11年の8年間はすべてAクラス入りし、うちリーグ優勝4回と抜群の成績を残した。しかし、高木守道監督に代わると、12年こそ2位に食い込んだが、翌13年は4位と12年ぶりのBクラスに沈んだ。落合監督の時代からメンバーの新陳代謝が少なく、主力選手が高齢化してしまったことが、その原因の1つだ。

私が阪神の二軍監督だったころ、ウエスタンリーグの優勝争いのライバルは、いつも中日だった。中日の二軍には自前で育成している、若くて能力の高い選手が多くいた。しかし落合監督の時代に一軍が結果を残すのと反比例して、二軍はどんどん弱体化していった。選手たちに一軍に上がる実力がなかったといえばそれまでかもしれないが、落合監督は若い選手を我慢しながら育てるということをしなかった。そうしているうちに根腐れしていき、二軍は12、13年に、2年連続で最下位に沈んでしまっている。この結果に表れているように、新しい選手が育ってきていない。

落合監督は勝つということに特化していたが、二軍を指導した経験はなく、選手を育て

る監督ではなかった。二軍の育成をおろそかにしてきたツケが今、回ってきている。新しい選手が現れてきていないだけに、14年以降も中日は厳しい戦いを強いられることになるだろう。

選手兼任監督は、今のプロ野球では難しい

14年の中日は、谷繁元信が選手兼任監督になる。しかし私は、兼任監督は難しいと思う。実際、過去にも成功した例が少ない。近いところではヤクルトの古田敦也も、中途半端に終わった。谷繁も古田も、捕手であるということも共通項だ。

捕手はグラウンド上の監督といわれるが、本当の監督とはやはり違う。捕手は試合中にグラウンド全体を扇型の視野で見ていて、試合の局面において大事なことはそのなかにもあるが、扇の外に監督として見るべき重要なことはいくらでもある。ベンチのなかからしか見えないこともあるのだ。今のプロ野球は高度化し、緻密になっている。マスクをかぶりながらでは、そういったところに目が届かない。

それに谷繁も古田も、自分の後任をつくらなければいけない使命を帯びているところも

似ている。古田は米野智人に期待をかけ、自らが乗り出してスローイングの矯正まで行ったが、結局は大成せず、チームは08年オフに横浜からFA宣言した相川亮二を獲得して正捕手に据えた。今の中日は谷繁の後継者に、これといったメドは立っていない。13年も谷繁が１３０試合出場と、ほぼレギュラーだった。

捕手は扇の要といわれるくらい、チームにとっては大事なポジションだ。そこのレギュラーを任せられる選手をつくるのは、容易なことではない。その仕事を、監督と捕手を同時にやりながらできるのか。はっきり言って古田はそれを果たせず、監督業も捕手業も中途半端に終わった。

試合の采配や後継者づくりの面において当然、落合ＧＭや森繁和ヘッドコーチらがバックアップするのだろうが、谷繁の負担は決して少なくない。さらに捕手が監督になって、中日の投手陣はサインに首を振れなくなる。そういったところが試合に影響を及ぼすことも、少なからずあるだろう。私は、谷繁には苦難の道が待っているように思う。

1-3

コーチ

キャンプで主役になれるコーチがいるチームは強い

シーズンを戦っていくうえで、コーチの存在はかなり重要だ。プロ野球の1年の始まりである2月のキャンプインに際して、私はいつもコーチにこう話していた。

「春季キャンプは、コーチが主役や。どんな練習メニューをつくっても、どれだけ練習時間を割いてもいい。各担当部門で1年間戦える戦力を、お前らが好きにつくれ」

阪神時代は、たとえば内野守備コーチが、

「午後からの1時間は、守備部門に時間をください」

と申し出てくれれば、そのとおりにさせていた。その替わりに、

「3月のオープン戦を経て4月の開幕までに、こんな選手をつくり上げましたというのを、私のところに持ってくるように」

そう言っていた。

阪神のコーチ陣は私の意図がわかっていて、キャンプではそれぞれに主役を張っていた。しかしオリックスのコーチは、いくら言っても意味がわかっていなかった。それでも好きにやらせたのだが、練習メニューすらつくれなかった。

オリックスのキャンプで連発されていた、謎の「コーチ指示」

オリックスのコーチ陣はキャンプ全体をとおして、どういう練習をしてシーズンに向かうべきなのかが、まったく見えていなかった。つくらせた練習メニューを見ても、「これ、なんや？」ということが少なくなかった。その最たるものが、メニューのなかにやたらと連発されていた「コーチ指示」だ。監督の私には、これはどういうことをする練習なのか、まったくわからない。流れで適当に、そんなものにしか見えなかった。コーチが選手に、オレといっしょに食堂でメシを食えと言ったら、それも「コーチ指示」にあたるのではないか。もう、まったく意図がわからない。

つまりは、自分たちで練習メニューをつくれない逃げ道に、「コーチ指示」というメニューを加えていたのだ。貴重な1カ月間をこうやって過ごしていては、良くなるものも良くなるはずがない。

阪神でも「コーチ指示」はあった。それは練習メニューのいちばん最後で、その日に足りなかったところを補う補習の意味でのものだった。しかし、オリックスの「コーチ指示」はそれとはまったく違っていた。仕方がないので、オリックスの2年目からキャンプの練習メニューは、外部から来た高代延博ヘッドコーチが作成していた。

選手を働かせるのが、コーチの仕事

私は現役を引退して、オリックスで2年間指導者を務めてから、阪神に帰って最初は二軍の打撃コーチに就いた。その最初のキャンプでコーチの様子を見ていると、選手のウォーミングアップを見ていないのだ。そのときにすぐ、「お前ら、見ろ！」と注意した。

なにも、目の前にいる選手全員を見ろと言っているのではない。内野守備コーチなら内野の選手、外野守備コーチなら外野の選手。自分の担当部門の選手を、見ておけばいいだけだ。ウォーミングアップから選手の動きを見ていることで、

「ちょっと、足おかしいんちゃうか？」

ということが目に付いたり、あるいは表情を見て、

「今日は、ちょっと元気がないな」

など、微妙な変化に気付けるのだ。それは毎日見続けていないとわからない。当時の阪神の二軍コーチ陣は、そういったところをトレーニングコーチに任せっきりにして、自分たちでは見ていなかった。私が注意してからはそのことに気付き、すぐに選手をウォーミングアップから観察するようになった。

グラウンドの土のところで走ると穴ぼこができるから、トンボでならしておく。その穴にはまって、捻挫するかもしれない危険性を排除しておくためだ。コーチは選手を働かせるために、存在している。そのためには、そういう細かいことに気付ける人間でないといけない。

選手におもねるコーチは、ダメなコーチ

コーチにもいろいろなタイプがいるが、もっともダメなのは選手におもねるコーチだ。選手の機嫌をうかがって気持ち良くさせるだけだったり、選手がしんどいと言えば、それ以上の練習を課さない。そんなコーチは、実際にいる。

選手の将来のために、あえて追い込まなければいけないときもある。そこで選手に理解させて、納得させて練習させることができなければ、コーチでいる意味がない。

コーチも一軍と二軍では、役割が違う。とくに二軍は、未完成の選手を育てていく場だ。選手たちはアマチュア時代に何か秀でたものがあったから、ドラフト会議で指名され、入団してきている。

打撃に関して私は、まずは自分の持ち味を発揮させるために、二軍のコーチに選手の好きなように打たせるよう指示していた。そうして結果が出なかったり、足りないものがあれば、そこから指導していけばいい。そうすることで、選手も自分の課題を理解して練習に取り組むことができる。選手が自覚してやるのと、頭ごなしにコーチから命令されてや

るのとでは、伸び方が明らかに違う。最初から型にはめようとすると、往々にしていい結果は出ない。

その一方で投手は、しばらく二軍に置いておくのであれば別だが、一軍の戦力にするのなら、直すところは直さないといけない。1つの例として、藤浪晋太郎の例を挙げてみよう。

コーチは何を教えるのかを、的確につかまないといけない

13年の阪神のキャンプを訪れたときに、中西清起投手コーチが私のところに来て、

「藤浪には、ひと言も教えていないんです」

と言ってきた。私が監督の時代から、選手には教え過ぎるなと言ってきたことを、中西は守っていたのだ。しかし藤浪を一軍の戦力とするなら、教えないといけないことはいくつもあった。

投球フォームに明らかな欠陥があったり、どうしても力のあるボールが投げられないのなら、手を入れなければいけない。だが藤浪の場合は、そのままの投げ方で一軍の戦力になると判断したのだから、無理に直す必要はない。打たれて勉強して、1つひとつ修正し

ていけばいい。

しかし、けん制やクイックモーションなどは、一軍のローテーションで投げさせるなら、シーズンに入る前に習得させておかないといけない。これらは試合で課題が出るたびに、1つずつ修正していくものではない。一軍で投げる投手として最低限、備えておくべきことだ。本人の投手としての能力云々とも別の話である。

素質があって、いくらアマチュアで実績を残していても、細かいところに穴があれば、プロはそこを突いてくる。私が見た時点で藤浪のけん制やクイックは、まだプロのレベルではなかった。だから、私は中西に言った。本当に一軍で使うのなら、そういったことはキャンプで終わらせておくべきだ、と。

キャンプのときの藤浪への指導を見ていて、物足りないものを感じたのは事実だ。藤浪は開幕してからクイックの修正をしたり、シーズン中にもたびたび、フォームを微調整していた。キャンプで済ませておけたことを、シーズン中に取り組まないといけなかったのは、大なり小なり、負担になっただろう。

そうしながらも、藤浪は10勝という結果を出した。キャンプで投げるボールを見ていたときから、2ケタを勝てる力があるとは思っていた。しかしキャンプでやっておくべきことができていれば、もう少し勝ち星を上積みできていただろう。

結果が出なければ、コーチには辞めてもらうしかない

私が監督をしているときは、コーチングスタッフの人選も自分で行っていた。私がやることをわかっているスタッフを、自分で電話などをして集めた。球団から提案されることもあったが、それはほとんど断った。

そうして監督が自分の知っている人間ばかりをコーチに集めた場合、外部から「仲良し内閣」と批判されることもある。しかし、自分が全然知らないコーチを呼んできても、上手く機能するはずがない。「仲良し」というのは、コーチが監督のイエスマンになってしまうことなのだ。私はコーチ陣にあまり強制せず、好きなようにやらせていた。それで結果が出なかったら、辞めてもらうしかない。そうしてコーチを代えるのは、チームを引き締める意味もある。

私が阪神一軍監督1年目の04年は、金森栄治と平塚克洋に一軍打撃コーチを依頼した。しかしチーム打率がリーグ最下位で、シーズンは4位という結果に終わって、金森はその

年限りでチームを去り、平塚は二軍へ配置転換となった。05年から正田耕三に代わってその年は優勝したが、07年にチーム打率、得点がリーグ最下位になって解雇になった。ただ「仲良し」なのではなく、厳しさも併せ持った関係でないといけないのだ。

第2章

現場での戦略

2-1 選手

選手の意識と質が、チームを強くも弱くもする

プロ野球選手は、それぞれが個人事業主である。プロ野球チームは、そういう個人の集まりだ。高校野球やアマチュアの野球は、元気があってチームワークが良ければそれでいいと思う。しかし個人の集まりであるプロは、内部で選手同士にライバル心があるほうが、全体に好影響をもたらす。私は、それがプロのチームだと思う。

たとえば9回裏、1対1の同点の場面。プロは、打席に立ったときに、チームでいちばん嫌いな人間が二塁ランナーにいても、チームのために、それ以前に自分のために、ヒットを打つ。その結果が、チームのためになる。そのときの二塁ランナーも、打者のことが

嫌いでも、ヒットを打ったら、アウトのタイミングをかいくぐってでもホームに生還する。それがプロのチームワークだ。

アマチュアは個人よりチームに、プライオリティを置く。アマチュアの選手は個々の能力で至らない部分があるので、それを全員のチームワークで補って、チームの力を高めないといけない。しかし、卓越した野球の技術を持つ選手が集まったプロは、個の力の足し算がチームの力になる。プロのチームワークは、仲良しこよしで発揮されるものではないのだ。

勝つために1つになれる阪神の選手は、プロの集団だった

私が率いていた阪神は、そういうチームだった。チーム内で仲のいい者同士は、ユニフォームを脱いだら一緒に食事に行ったりする。相性の良くない者は、そこに混ざらない。それで、まったくかまわない。だが、一度ユニフォームを着ると、チームが勝つための方向に向かって、全員の意識が1つになっていた。オンとオフをしっかり切り替えられる、プロの集まりだった。

しかしオリックスは、仲良し集団から抜けきれていなかった。何かミスがあると、選手同士で慰め合う。それだけではない。驚いたのは、フロントやコーチも選手を慰めるのだ。私や高代ヘッドコーチが選手を叱ると、そのあとで担当コーチやフロントが、「気にすんなよ」などと慰める。こちらは「気にせい！」と叱っているのに、これではまったく効果がない。これが果たして、プロの集団といえるのだろうか。

オリックスでは、相手と勝負する前に自分のチームと戦っていた

強いチームは、勝つことに全員の意識が1つになっている。そういうチームには、先を考えて自発的に準備ができる選手が多くいる。野球を知っていて、自分の役割がわかっている選手だ。控えでもそれがわかっている者は、状況を見ながら代打や代走、守備固めで出場する可能性があると思うと、試合展開に合わせて、自らベンチ裏などで体を動かして準備を始める。

パ・リーグはDH制なので代打の機会は少ないが、セ・リーグは必ず投手に打順が回ってくる。たとえば、試合は1点ビハインド。8~9回あたりに打順が投手のところに回り、

代打を使う場面が来るかもしれない。相手の投手は右。しかし展開によっては、左投手に代わるかもしれない。ベンチは、そう考えている。強いチームの選手は、ベンチと同じ考えで準備をする。前のめりになって試合に入り込めば、そういうことがわかってくる。それはすなわち、野球がわかっているということだ。弱いチームの選手は、野球を知らない。同じプロでも、選手には差がある。野球を勉強しようとしないから、よけいに差が付く。言われたとおりにやるだけの選手ばかりでは、チームは強くならない。

オリックス時代の最初は、相手と勝負する前に自分のチームと勝負しないといけない状態だった。こういうときは、こういうプレーをするなど、チームに私の方針を浸透させることで精一杯だった。プロとして最低限、これはわかっているだろうということすら、まったくわかっていない。相手と試合をする以前に、問題が山積みだった。

最初のシーズンは、バッテリーのミーティングばかりした。配球にしても、なぜあの場面であのボールを選んだのか、違うだろうと、そんなことばかり質《ただ》していた。阪神のときは、バッテリーだけを集めることはなかった。3連戦の最初に、投手と野手に分かれてのミーティングはやっていたが、これは通常のことだ。試合があまりにもひどくて、2戦目、3戦目にまた集めるというようなことは、阪神ではなかった。

しかしオリックスは、阪神の選手たちができていたことが、まったくできていなかった。最初の1年ほどは遠征に行くたびに、いつもバッテリーを集めていた。

勝つチームと負けるチームでは、ベテラン選手の存在感にも違いがある

オリックスには、チームの象徴になるベテランが、全然いなかった。ただ、歳をとっただけの選手ばかりのような感じだった。これには、近鉄との合併の悪影響が出ていた。チームの旧近鉄勢、そのなかでとくに野手は年齢を重ねている選手が多かった。北川博敏、下山真二ら、チームに影響をもたらしそうなベテランたちがそうだ。私が監督に就いたのは、オリックス・バファローズになって6年目を迎えるとき。選手としていちばん良い時期に球団が合併してしまった彼らは、私が監督になったときは力が落ち始めてきていて、自分のことで精一杯だった。旧オリックス出身者で存在感のあるベテランは見当たらず、そのあたりでもバランスが上手くとれていない悪影響が、合併の弊害として現れていた。

阪神ではやはり、金本知憲が大きな存在感を発揮していた。阪神での1年目の打順は3番だったが、私が監督になって4番に固定してから、ほかの選手への影響力はさらに増し

た。デッドボールを受けて骨折しても、チームの中心である4番として試合に出続ける選手が、周りに影響を与えないはずがない。

なかでも、もっとも影響を受けたのは鳥谷敬だろう。金本が阪神に来て以降、鳥谷は試合に出続けることに強いこだわりを持つようになり、2004年9月から始まった連続試合出場記録は13年終了時点で1322試合を記録した。これは衣笠祥雄さん、金本に次ぐ歴代3位だ。鳥谷は金本を見て、中心選手が果たすべき役割を、改めて自覚したのだ。

投手は一匹狼的な存在が多いが、そのなかでも下柳剛らはチームに影響を与えていた。しかし私が率いたころの阪神の投手で、もっとも影響力があったのは藤川球児だ。クビ寸前のどん底から這い上がってきて、絶対的なリリーフ投手に君臨するまでになった。そんな過程をたどってきた藤川が若い選手に与えた影響は、すごいものがあった。私が阪神を率いていたころの藤川は20代半ばから後半で、ベテランという年齢ではなかったが、とにかく存在感は大きかった。

練習ひとつにしても、ベテランは若手以上に真剣に取り組む。結果を残しているベテランが居残ってまで練習を続けている姿を見せられたら、若い選手は自分はそれ以上にやらないといけないという雰囲気に自然となり、チームは引き締まる。監督やコーチに「やれ」

と言われたから練習するのと、自発的に取り組むのでは、成果が明らかに違う。それが選手たちのあいだに浸透していけば当然、全体の競争のレベルは上がり、それがチーム力の向上に結びついてくる。金本はまさにそういう姿で、チームに大きな影響と存在感を放っていた。彼のような選手がチームにいるのといないのとでは、大違いだ。

スーパースター選手の功罪

チームにスーパースター的な選手が存在して、悪い面はない。そこまで周囲が認める選手は自らでやるべきことをやるし、周りへの影響を考えても、プラスの面のほうが多い。阪神が勝てるチームになって、それを牽引する象徴の選手は、金本だった。金本を徹底して4番で使ったのは、もちろん打力もあるが、チームにもたらすプラスの要素が多いからだ。そうなれば金本を中心に据えていくのは当たり前だし、ほかの選手も金本のことを認めていた。FAで阪神に来た選手だったが、外様だとかそういう感じは、まったくなかった。

スーパースターといえば、イチローもそうだ。仰木さんが監督をしていたころのオリックスは、イチローだけが突出した存在だった。このことについて直接、仰木さんと話をしたわけではないが、仰木さんはイチローの扱いに神経を使っていた部分があったと思う。それは、イチローはチームを引っ張る選手ではないからだ。私はオリックスの現役時代の最後に一緒にプレーしたが、彼は職人で、自分の数字を上げるタイプの選手。チームプレーヤーだった金本とは、そこが決定的に違う。イチローの存在に功罪の罪はないが、チーム全体に多くの功を与えたかというと、そこは少し疑問符を付けざるを得ない。

それでも勝っているときはいいが、チームの成績が落ちてくると、イチローのような選手は、逆に浮いて見える。メジャーに行く直前の日本での数年間や、シアトル・マリナーズに在籍した最後のほうも、私にはそう見えた。

2-2

シーズン中

勝つチームは1勝の怖さを知っており、負けるチームは簡単に勝てると思っている

負けるチームの典型的なのは、勝てる試合を落とすということ。ここであと1点取っておいたら勝てるのに、取れなくて負けるなど、試合の流れが読めない。それに負けるチームは点を取ったら安心してしまい、少し追い上げられただけで焦る。野球のなかの勝負どころが、わかっていないのだ。

監督やコーチだけでなく、選手もそれをわかっていない。序盤に5点くらい取れば、簡単に「今日は勝った」というような雰囲気になる。

「この次、先に相手に1～2点でも取られたら流れが悪くなるから、あと1点でも取らな

アカンぞ」

と言っても、彼らには響かない。そういう、勝負勘がないのだ。そうしているうちに終盤に追いつかれでもしたらバタバタと慌て始め、そこから一気に崩れて自滅する。そんなチームの選手はベンチにいても、目の前のグラウンドをただ漫然と眺めている。ベンチに背中を付けてゆっくり座って、気持ちも姿勢も前のめりにグラウンドに向かっていない。

強いチームは、簡単に勝てないことを知っている。だから最善の策を駆使して、1点でも多く取る。しかし負けるチームほど、簡単に勝てると思っている。だから試合以外のチームづくりの部分でも、ちょっと補強したら勝てるなどと安易に考える。1つ勝つのにどれほどの労力を費やさないといけないかが、わかっていない。その結果、毎年負けるのだ。

負けるチームは、簡単には勝てないということを知らない。勝つことに対して、必死になって取り組んでいない。1つ勝つことの大変さを、知らないのだ。

監督はシーズンが始まる前に、チームの力を感じ取っている

キャンプからオープン戦を経て、開幕を迎えるころには、監督は自分のチームにどのく

らいの力があるのか、ある程度把握しているものだ。マスコミに向けては、どの監督も、
「今年は優勝を狙う」
などと言うが、実際にそれが果たせるかどうかは、監督自身がいちばんわかっている。最近はクライマックスシリーズ（CS）ができたので、こういった言葉のバリエーションが増えたが、私の監督時代の阪神はCS出場を目指すなどというレベルではなかった。実際に手応えは充分に感じていたし、優勝した05年以降の3年間も、いずれの年も最後に息切れしてペナントを手にすることはできなかったが、毎年9月にトップに立った。シーズン終盤にこの位置にいられるのは、本当にチーム力がある証拠だ。

オリックスでも、3年目は手応えがあった。しかしキャンプの2クール目で、エース投手と計算していた金子千尋が、肩を傷めてリタイアした。開幕から金子、西勇輝を挟んで3戦目に寺原隼人のローテーションを考えていたが、その軸になる開幕投手が投げられなくなり、構想が崩れた。やむなく外国人のアルフレッド・フィガロを開幕戦に先発させたが、あれは苦肉の策以外の何ものでもなかった。

さらに、寺原も開幕3戦目に投げた直後に、腰を痛めて登録抹消。優勝を狙うために開幕ダッシュを決めたいところだったが、これはもう、最初の1カ月はなんとかしのいで、

最低でも5割で乗り切るしかないと、腹をくくるしかなかった。

ところがそれからも、投手にも野手にも故障者が続出し、シーズンのほとんどはベストのメンバー編成で戦えなかった。開幕前に今年は勝負できると感じていたにもかかわらず、12年のオリックスは、とにかく故障者に泣かされた。

オープン戦は、ケガの可能性に配慮する

シーズンに入る前に、投手のローテーションはだいたい固めているものだ。だからそこに入れる投手は、ケガの危険性を考えて、3月のオープン戦はなるべく寒い時期や、場所では投げさせない。ローテーション投手はできるだけドーム球場での試合に合わせて投げさせ、グラウンド状態の良くない地方球場などは若い投手か、ローテーションでも6〜7番手の投手を起用する。

阪神では08年に、トレードで日本ハムから移籍してきた金村暁を、オープン戦で先発に起用した。滋賀県での試合で、寒い日だった。日程とほかの投手との兼合いで、ここでしか登板させる機会がなかったのだが、金村はブルペンの投球練習の最後の1球を投げたと

きに足を痛めた。復帰には夏場までかかったが、金村は絶対にローテーションから外せない投手ではなかった。だからチームへのダメージは少なかったが、これがローテーションの軸になる投手だったら、取り返しのつかないことになっていた。

オープン戦はシーズンへの調整機会だが、首脳陣はどの投手をどこで投げさせるのか、日程と気候、球場を考慮しながら図っている。それはやはり、ケガを避けるためだ。

故障者が出るのは計算できないが、ケガが発生する可能性を考慮することはできる。開幕前の準備は、そういったことにも配慮しながら整えていくべきものだ。

劣勢を跳ね返せるチームと、跳ね返せないチーム

シーズンに入ると、どんなチームでも試合中に劣勢に陥る場面がある。そうなった展開を跳ね返せるか否かは、チームに戦う型があるかどうかだ。しかし実は、この型をつくるのがもっとも大変な仕事なのである。

たとえば05年の阪神は、1番の赤星が出塁して、それを得点につなげていくのが1つの型だった。試合後半に負けているときでも、赤星が塁に出たらチームのムードは上げ潮に

変わった。ここでいう型とは、つまりそのチームにとって戦い方の原点ということでもある。追い込まれているときほど、立ち返るべきは原点。それがあるチームは、やはり強い。

日替わりでヒーローが現れるのは、それは弱いチームだからだ。強いチームは型にはまった野球をして、打つべき選手が打ってヒーローになり、脇役は脇役で終わる。これは私の持論でもあるが、あまりチームが強くなると、見ていて面白くなくなる。当たり前のことが当たり前にできて、見ているほうもこの先の展開が読めてくると、面白くないだろう。何か起死回生のことが起きると面白いかもしれないが、それは偶発的なものだ。強いチームになると、あまりそういうことは起きない。見ている人にとっては面白くないかもしれないが、そうなったときが、本当に強いチームになったときなのだ。

リリーフ投手の役割や登板する順番にも、打順にも型がある。そういう意味では、打順が目まぐるしく変わるチームは良くない。8番などは別だが、上位の打順を固定のメンバーで構成できるのが型だ。

仰木彬監督は毎日打順を替える「猫の目打線」のようなことをやっていたが、あれは私にはわからなかった。対戦相手とのデータや、選手自身のバイオリズムなども加味して考えていたのかもしれないが、私には理解できなかった。毎試合、新鮮味を与えるのはいいことかもしれないが、ベンチが動きすぎると使われる選手も落ち着かない。同じ打者でも、4番と8番の役割はまったく違う。4番を打った次の日に8番に回されたら、打者も調子が狂うと私は思う。

ペナントレースを戦うなかで、セ・パ交流戦は軽視できない

交流戦が始まったのは05年。翌年までは各チーム、ホーム&ビジター各3試合の全36試合だったが、試合数が多すぎるとして、07年からはホーム&ビジター各2試合の全24試合になった。

私は監督として、阪神時代の08年は15勝9敗でソフトバンクと同率首位だったが、同率の場合は前年度交流戦の順位を反映するとの当時の規定で、優勝を譲った。10年のオリックスでは16勝8敗で、2位の西武に2ゲーム差をつけて優勝した。

交流戦が開幕するのは、5月の半ば。そのころは3月末のシーズン開幕から約6週間を経て、ある程度その年のチームの戦い方が固まり、同一リーグの他チームとの力関係もわかってくる時期だ。開幕していいスタートが切れたチームには、波に乗ったところで、他

リーグのチームと戦わねばならないのはありがたくない。逆にスタートに失敗したチームにとっては、ここは再スタートを図るチャンスでもある。

シーズンの全144試合において、交流戦が占める割合は2割に満たないが、ここで勢いを加速させるチームもあれば、一気に失速してしまうチームもある。交流戦の結果がその後のチームの行方に及ぼす影響は、少なくない。ペナントレースを戦ううえで、5月半ばから6月半ばまでの5週間は、まったく軽視できないのだ。

交流戦で苦労するのは、対戦相手のデータが少ないことだ。オープン戦で対戦しているチームもあるかもしれないが、オープン戦と公式戦はまったくの別物。もちろんスコアラーたちは交流戦に備えて、他リーグのチームの情報も集めている。ここでのスコアラーの働きはチームにとってかなり重要なのだが……。その件については、次の「裏方」の項で詳しく書こう。

交流戦は、普段とは違う戦いにいかに順応するかがカギ

この期間の戦い方は普段とは違うイレギュラーなものになるが、先発投手の起用に関し

ては、どのチームも同じだ。日程に余裕が出るので、6人で回していた先発ローテーションのなかから、もっとも調子の悪い投手を外して5人にする。そうなると当然、いい投手を多く抱えているチームが有利だ。パ・リーグには、日本ハムにはダルビッシュ有、楽天には田中将大ら、球界を代表する存在のエース投手がいた。そればかりでなく2番手、3番手クラスでも、セのチームに行けば、もうワンランク上に格付けされるような投手が多くいた。それが、結果にも顕著に現れている。05〜13年の9年間で、パが733勝、セは660勝。優勝回数に至ってはパのチームが8回と、完全にセを圧倒している。

ダルビッシュや田中のような絶対的エースがいないなら、そのときに調子のいい投手を軸にすることも必要だ。名前や実績にとらわれて、調子の上がらないエースに頼っていては勝てない。それに日程に余裕があることを、投手起用にどう生かすかもポイントになる。期間中は2勤1休が基本で、4連戦が二度あるだけ。試合のない日も多いので、序盤で先発が崩れたら、少々は自分たちの型を乱しても、中継ぎを早めに投入していくことが最善だ。そういった柔軟な対応をベンチができれば、拾える星の数も違ってくる。

攻撃の面は私の経験から言うと、DHがあるかないかで、自分たちが普段やっている野球がまったく変わってしまう。私はなるべく打順は固定するべきだと考えているのだが、阪神のときはビジターゲームでＤＨが使えるときは、普段とは違うオーダーを組んだりもした。06年のビジターでのソフトバンク戦は、そのときはまだ予告先発ではなかったが、相手が左の杉内俊哉だと読み切っていたので、１番に右打ちのシェーン・スペンサーをＤＨで入れて、普段は１番の赤星憲広を２番で起用した。いつもは２番に置く藤本敦士をあえて９番にして、下位から上位へ足を使ったつなぎを試みるなど、ＤＨ制の試合では普段とは違う意図の打順を組んだこともあった。

オリックスのときはビジターではＤＨが使えず、投手が打席に立つ。これも普段は、まったくない形だ。私はセ・リーグの経験があったから対応できたが、パ・リーグにしかいたことがない監督にとっては、かなり頭を悩ませるところだろう。そのなかでパ・リーグ出身のソフトバンク秋山幸二監督が09・11・13年と三度の優勝を果たしたのは、交流戦におけるＤＨのない試合に上手く対応した結果でもあると思う。

オールスター期間中に、新星が現れることもある

オールスターが行われているあいだ、公式戦は４～５日間、日程がストップする。選ば

れた選手は当然オールスターに出ているが、この期間にチームはただ漫然と休みを過ごしているわけではなく、残った選手を集めて練習している。試合と移動が続く普段とは違って、前半戦で問題のあったところを集中して修正したり、じっくり練習に取り組める時間は、わずか数日とはいえ貴重だ。

この期間は、一軍入りを目指す若手にとってはチャンスである。阪神の監督を務めていたときに私は、春のキャンプが終わったあとから力をつけて、技術的にも良くなってきていると二軍からの推薦を受けた若手選手を、いつも数人ほど呼んで、オールスター期間中の一軍のチーム練習に参加させていた。当時は主力の多くがオールスターに選ばれていて、一軍に残った選手の数が少なかったから、練習中にそういう若い選手に目が行く機会も必然的に増える。そこで動きを見て、

「こいつ、一軍でいけるんちゃうか」

と感じて、実際に後半戦で抜擢した選手もいる。それはどちらかというと、投手のほうが多い。私のときに典型的だったのは、玉《たま》置《き》隆《ゆたか》だった。

玉置は04年のドラフト9巡目で市立和歌山商高から獲得した投手で、2年目の06年の消化試合で一軍初登板させていた。3年目の07年は春のキャンプが終わるころはもう1年、

二軍で鍛える選手との判断だったが、ファームのシーズンが始まって実戦に入ると、キャンプのころよりも良くなっていた。そうして二軍からの推薦があって夏に見てみると、確かに力をつけていたので、8月に一軍に昇格させた。

このときは2試合に登板させただけだったが、翌08年は一軍のメンバーに入れて、2月のキャンプに連れて行った。シーズン中の一軍登板は3試合だけだったが、ウエスタンリーグでは優秀選手賞を獲得する活躍。いよいよこれからという09年のオープン戦で右ヒジを故障してオフに育成選手になったのは残念だったが、ケガが癒えて12年に3シーズンぶりの支配下に返り咲いている。

玉置のように高卒2～3年目くらいの投手のなかには、キャンプが終わってからの数カ月で飛躍的に力を伸ばす選手もいる。もちろん本人の努力やアピールは不可欠だが、監督はそうして伸びてきた選手を見落としてはいけない。

オリックスでもオールスター期間中に、二軍の若い選手を一軍の練習に加わらせていたが、二軍からの具体的な推薦もなく、なぜこの選手を呼ぶのかという明確な意図が、私に伝わってこなかった。ただ、形式的に呼んでいるだけに感じることのほうが多かった。

オリックスの一軍と二軍は同じ方向を向いておらず、お互いのコミュニケーションが成立しない関係だった。一軍と二軍にもそれを改善できない責任はあるだろうが、根本的な問題はやはり、それを統括するフロントにあったと思う。

セとパの野球の違い

上田利治さん、広岡達朗さん、森祇晶さん、王貞治さん、星野仙一さん。以上はセ・リーグを経験して、監督としてパ・リーグに行って結果を残した人たちだ。阪急を率いた上田さんは、現役時代は広島の選手だった。西武の黄金期を築いた広岡さん、森さんは巨人出身。13年に楽天でパ・リーグを制した星野さんは中日で選手と監督、阪神でも監督を務めた。

ＤＨ制があるパ・リーグの野球は昔から、ホームランや長打で点を取る豪快なスタイルだった。そこに広岡さんや森さんが、走塁やバントを絡めたセ・リーグの細かくて緻密な野球を西武に持ち込むと、ほかの5球団はかなわなかった。

私自身もオリックスの監督になったとき、最初のキャンプからバントや走塁などに力を入れ、それまでのオリックスのキャンプで行っていた以上の時間を練習に割いた。今のパ・リーグにも、かつての打ち勝つ野球という部分は残っている。ＤＨ制がある限り、そうならざるを得ない面はある。

選手交代が成功するか否かは、試合の結果に大きくかかわる

ＤＨ制のパ・リーグは試合中に選手交代をする機会が多くはないが、投手に打順が回るセ・リーグは、交代のタイミングや人選が勝負にかかわってくる要素は大きい。監督をやっていて面白いのは、断然セ・リーグだ。こちらが相手の出方を読むのも面白いし、攻撃が7番や8番で終わったときに、次の1イニングの攻防にお互いがどう出るかなどの駆け引きは、やはりセ・リーグでやっているときのほうが面白かった。そのぶん、監督にとっては難しいところでもあるのだが。

実際に、試合中の選手交代で打った手が、勝ち負けにつながってくることは少なくない。どちらかというと、選手交代が上手くいって勝つより、間違えて負けることのほうが多い。局面で使う選手を間違うこともあるが、もっとも見受けられるのが、交代選手を出し惜しみして負けることだ。

少々早い回にチャンスが来ても、まだあとにもチャンスが来ると思ってしまうのだろう。

そういうチームや監督は、「いつでもチャンスはつくれる」と思ってやっている。しかしチャンスの場面は、そうそうつくれるものではない。野球をやっていくうえで、「チャンスはめったにない」と思って試合に臨んでいないから、取って置きを取って置いたままで、試合が終わってしまうのだ。ここぞの場面は、今の目の前の場面かもしれない。監督や選手には、試合の流れを読んで、勝負どころを見極める目が必要だ。

13年の阪神は、出し惜しみが多かった。多すぎた。とくに、代打だ。終盤の必勝リレーといわれる投手交代は、こちらが先手を打って行う。しかし代打を起用すべき場面は、いつどういう状況で訪れるかわからない。代打は7～9回の各回に1人ずつを使うべきものではないのだから、勝負どころが来たら、少々早いタイミングでも仕掛けないといけない。13年の阪神にそれができていれば、ペナントレースをもっと熱くできていたはずだ。

シーズンの勝負は9月、9月に勝てないチームは優勝できない

優勝を狙うなら、シーズンの勝負どころは9月だ。ここでチームに力が残っているかどうかは、キャンプからの積み重ね次第である。キャンプから正しい取り組みをしていたら、

力が残っているはずだ。だからキャンプは重要で、勝つチームはキャンプの段階から、9月を見据えて取り組んでいる。

現場で優勝を目指して戦っていると、4月から10月のなかで、9月がいちばん長いと感じる。勝つチームになるには、そこでどれだけ力を発揮できるかだ。そういう意味で、13年の阪神は象徴的だった。9月に6勝16敗とあれほど失速することは、普通はあり得ない。あれは、明らかにガス欠だった。選手が全然バットを振れていなくて、見ていてまったく打てそうになかった。投手陣の防御率も3・49と最悪だった。キャンプでやってきたことへの反省も必要だが、ベンチも勝負どころを間違えていた。

8月27〜29日の東京ドームでの巨人3連戦に勝負をかけて3連敗したが、勝負どころはあそこではない。首位にいた巨人と2位の阪神との試合は、最後に9月6〜8日の甲子園での3連戦が残っていた。直接対決で勝負をかけるなら、9月の甲子園だ。東京ドームの3連戦は、1勝2敗でも良かったのだ。勝負どころを見誤って、早すぎるタイミングで無理な勝負に出た結果、無残なまでの返り討ちに遭った。その大きすぎるダメージが尾を引き、勝負すべき9月の阪神は、抜け殻のような状態だった。

チームが一度調子を落とすと、そこから盛り返すのはかなり大変だ。勝てないチームは開幕からとにかく目先の勝利を追うが、優勝を目指すチームは、8月までは馬なりでいい。シーズンのなかで、交流戦中やその終了後に試合日程が空いたりする。そんなタイミングや、オールスター前に投手をつぎ込むことはある。しかし、本当の勝負は9月にポイントを置いて力を溜め、そこで爆発するようにしないといけない。レースの中間で、ムチを振っていてはいけないのだ。

勝負は9月。9月に勝てるチームでないと、優勝はできない。

2-3 裏方

現場のために日陰で働いてくれる裏方は、チームにとって大事な存在

現場で働いてくれている裏方のなかでも、トレーナーのチームへの影響は大きい。レギュラー選手で、1年間ケガなく万全の状態でプレーできる者は、絶対にいない。みんな、どこかに故障を抱えている。シーズンをトータルして考えると、選手には100％は無理にしても、常にそれに近いコンディションでプレーしてもらいたい。たとえば小さなケガが発生したときには、そこから先んじて、大きなケガで長期離脱することにならないように、トレーナーが管理する。そういうふうに、対処してもらいたいのだ。

トレーナーやコンディショニングの部分は、プロ野球界全体で最近になってすごく意識

が変わってきている。そもそも、コンディショニングなどという部門は、私の現役のころにはなかった。そんなネーミングすらなかった。最近は各球団でそういう部門にコーチが多く就くようになったのも、選手の体調管理を重視しているということだ。今はどこも、そこに力を入れている。とくに長くレギュラーを務めている選手は、みんなどこかに古傷があるものだからだ。

オリックスでは、ケガ人が帰ってこなかった

予防やケアをしながらも、故障者が発生してしまうことはある。プレー中の不可抗力で負ってしまうケガなどは、どうしようもない。選手がケガを負ったときは、やむを得ず登録を抹消して、最短の10日間ほどでチームに戻ってくるのがベストだ。しかし、1カ月以上も戻ってこないとなると、大きな問題になる。

オリックスでは、見事に戻ってこなかった。私がオリックス最後の3年目。12年は坂口智隆が交流戦の初戦で故障し、全治6週間と診断された。その報告を受けて、私はトレーナーに言った。

「それは、一般人の全治6週間やろ？　そういう診断が出ても、1日でも早く治すのがトレーナーの仕事と違うのか」

ケガをした時点から6週間といえば7月の頭、オールスター戦に入る前のころだ。そのあたりでスターティングメンバーで使えるのではないかと私は計算していたが、9月になっても坂口はまだ二軍にいた。結局、私が辞めたシーズン最終戦には一軍ベンチにいたようには思うが、坂口とはそれ以来、顔を合わせていない。私はトレーナーたちに、

「自分が責任を負っている仕事として、それで平気なのか」

という思いしかなかった。

阪神のトレーナーは、北京五輪で新井貴浩の症状を把握していなかった

同じようなことは、阪神でもあった、08年の新井貴浩のケースだ。新井はシーズン中から腰痛を訴えていて、7月半ばは試合を欠場していた。それでも無理をおして北京オリンピックに出場したが、予選リーグの韓国戦で先制2ランを打った以外、目立った活躍ができなかった。

私はオリンピック期間中に金本から電話をもらっていて、休みの日に新井が腰に注射を打っていたと聞いた。そのときにはすでに、最悪の状態だったのだろう。

新井が腰痛を抱えていることで、オリンピックには阪神から新井付きのトレーナーを帯同させていたが、彼は新井の症状を把握していなかった。帰ってきて状態を聞いても、「大丈夫です」としか答えない。試合に出られないとは、言わなかった。新井は、阪神の主力選手だ。オリンピックで全試合に4番で先発出場したのに、日本に帰ってきて、優勝を目指している所属チームの試合に出られないということになったら、ただ事では済まない。

私はトレーナーたちに言った。

「優勝できなかったら俺は辞めるから、お前らも全員辞めてくれ」

帰国してから再度検査をすると案の定、腰椎の疲労骨折が判明して、ペナントレースの試合を欠場した。オリンピックが終わってからは、シーズンが佳境を迎える時期だ。しかも08年は、明確に優勝に手が届いていたシーズンだった。主力の欠場がどれほど響いたか、改めて書き記すまでもないだろう。なぜ北京で全試合に出て、帰ってきてからチームの試合に出られないのか。私は怒りを禁じえなかった。

現場と裏方の人間関係は大事だ。勝つチームは現場と裏方が親しくても、一定の緊張感を持った関係でいるが、勝てないチームの選手は少し状態が悪かったら、すぐにトレーナーのところに逃げて、「ちょっと違和感があります」などと言って試合を休む。そのときに、トレーナーも選手をかばう。

いつごろからかは知らないが、違和感とは便利な言葉ができたものだ。野球選手に「イワカン」を漢字で書けと言えば、半分以上が書けないだろうに。

勝てないチームでトレーナーがそうしているのは、選手を支えているのではなく、甘やかしているに過ぎない。勝つためには、選手と裏方のあいだも、ただの仲良しではいけない。お互いプロとして、緊張感を持って高め合うべきだ。

裏方を、球団も正しく評価するべき

チームにとって、裏方のスタッフがしてくれる仕事は、大きなサポートになる部分だ。しかし、打撃投手やブルペンキャッチャーは、打者や投手を気持ちよく練習させても、試合でその選手が活躍しなければ、なんの評価も得られない。いや、活躍したところで、大した評価はされないのが現実だ。彼らは非戦闘員で、グラウンドには立たない。貢献度などが数字に表れないから、評価が難しい。

それもあって、現状では現場が思うほど、球団が裏方を正しく評価しているとは感じられない。それは、どこの球団も同じだろう。現場としては、自分たちのために働いてくれているわけだから、もっと評価してあげてほしいという気持ちは、当然ある。しかし球団の目が向いているのは、やはりユニフォーム組。裏方には、それほど注目していない。だからこそ、現場がフォローしてやるべきだ。それに加えて球団が正しく評価すれば、現場が残す結果につながってくるに違いない。

オリックス1年目の交流戦は、スコアラーを無視した

各チームには対戦相手の傾向を分析したり、データをまとめるスコアラーがいる。彼らの仕事は、現場が戦うために情報を集めてくることだ。それは有益であってしかるべきものだが、無益なものなら、これほど役に立たないものはない。

オリックスでの1年目の交流戦は、スコアラーを無視した。そのときの交流戦はまだ予告先発が採用されていなかったのに、ビジターゲームでナゴヤドームに行くと、試合前の

バックヤードにスコアラーがいた。私は思わず聞いた。

「こんなところで、何してんねん？」

するとそのスコアラーは、なんの疑念もなく、

「今から、ミーティングです」

と言う。

違うだろう。スコアラーは中日の練習が始まったら、グラウンドに行って練習を見て、今日の先発ピッチャーを探らないといけない。これはもしかするとオリックスだけでなく、パ・リーグのスコアラーがみんなそうだったのかもしれない。当時のパ・リーグはレギュラーシーズンから予告先発だったので、その日の先発投手を探る習慣がなかったのだろう。とはいえ、このときの交流戦は予告先発ではなかった。それでもミーティングに参加しようとするスコアラーに私は、

「お前、グラウンドに行かんかい！」

と怒った。オリックスのスコアラーは、その日の先発を探るのが自分の仕事であることがわかっていなかった。

監督の私が仕切った、オリックスのミーティング

いざミーティングが始まり、試合に臨むに際してスコアラーは、

「中日は今、セ・リーグでいちばん強い。バッティングもいいので、打線に注意しないといけない」

端的に言うと、そういう内容のことを報告してきた。当時の中日は落合監督が率いていた時代で、確かに強かった。しかし投手力はあったが、打線ははっきり言って弱かった。明らかに、見るべきポイントを間違えている。私は唖然とした。

「おい、ちょっと待て」

ミーティング会場の前に出て行って、言った。

「中日打線なんか、セ・リーグでいちばん弱い打線や」

2年前まで阪神で対戦していて、中日打線に破壊力がないことは実感していた。それなのにスコアラーは、投手陣がたじろぐようなミーティングをしているから、我慢がならなかった。

こんなミーティングをしていては、投手は腕が縮こまって、思いきって投げられるはずがない。オリックスのスコアラーは、相手チームの情報を正しく集めていない。08年まで阪神でセ・リーグを戦っていた私のほうが、よほどわかっていた。本来はスコアラーの主導で行うべきだが、仕方がないので、それからの交流戦のミーティングは、監督の私がすべて取り仕切った。

私が1年目の交流戦で、オリックスは優勝を果たした。手柄が私にあると、言いたいのではない。スコアラーがやるべき仕事をしていれば、私が口を挟む必要はなかったのだ。

オリックスのスコアラーは、データをただ拾い集めているだけだった

それにオリックスのスコアラーは、自分たちに責任がないようなミーティングをするのも特徴だった。バッテリーに関するものでも、ざっくり言うと、

「あの打者は今、調子がいいです」

などと、中途半端な言い方をする。そのなかで、どこに弱点があるか。どのコースをよく打っているかなどの明確な情報はない。対象にしている打者が、調子が良くて対処のし

ようがないなら、

「自信のあるボールを、いいコースにどんどん投げ込んでいってください。それで打たれたら、見方が悪かった僕の責任です」

と、はっきり言えばいいのだ。たとえその打者に打たれて負けても、責任の所在は監督にあるのに、なぜスコアラーが逃げ口上を使うのか。これは、勝てないチームの象徴だ。負けた責任から逃れるために、誰もが前もって予防線を張る。データが間違っていて打たれたら、スコアラーはもっと勉強すればいいのだ。それなのに負けたら監督の責任にして、知らないふりをするから成長しない。責任を果たす前に、責任から逃れることばかりを考えていては、成長するはずがない。

交流戦の前、レギュラーシーズンが開幕してすぐにも、同じようなことがあった。私のオリックス1年目のシーズン序盤は、ロッテの打線の調子が良く、打ち勝って開幕からの3カードで6勝2敗1分を記録していた。そのロッテ戦を迎えるミーティングでスコアラーが上げてきたデータを見ると、相手は毎試合のように6~7点の得点があり、投手はどこに投げても打たれるような資料になっている。

「これ、どないするんよ？　どこに投げたらエエねん？」

と聞くと
「1番から9番まで、全員調子がいいです」

という答えが返ってくる。

「それなら、野球好きのおっさんが球場に行って、見てきたことを言うとるのと同じやろ。それをどうして攻略するんか、っていうのがミーティングやろ」

と言っても、ミーティングの内容は改善されない。事前に対戦チームを分析して、弱点を探っているはずのスコアラーに、

「どこに投げても打たれます」

と言われたら、現場は打つ手がない。そのなかで攻められるところを探すのが、スコアラーの仕事であるはずだ。ただ球場に野球を見に行って、結果を見て、その資料を持って帰ってくるだけなら子供の使いと同じだ。調子はいい。でも付け込むならここだ、というデータを持ってこないスコラーが、必要であるわけがない。

第3章

補強で
チームは変わる

3-1 FA、トレード

FA、トレードは、チームづくりにおいて良薬にも劇薬にもなる

能力のある選手、実績を残している選手は当然、年俸も高い。つまり、いい選手が多くいれば、必然的にチームにおける選手年俸の総額は増えるものだ。そういうことから、チーム全体の選手年俸の多寡が、ペナントレースにおける順位に影響している部分は少なからずある。

だからといって、カネで優勝が買えるかといわれれば、それは否だ。13年に日本一になった楽天の、育成選手を除く日本人選手の総年俸は12球団で最下位だった。カネを使って年俸の高い選手を揃えて優勝できるなら、ＦＡなどで選手をかき集めていたころの巨人は無

敵の強さを誇っていたはずだが、そうはならなかった。巨人はその間違いに気付いて舵を切り直し、チームづくりの根本を見改めて、10年代になって強さを取り戻してきた。逆に最近の阪神が、カネで選手をかき集めるようになって、優勝から遠ざかっているのは皮肉だ。

戦力補強の方法は、大きくわけて3つ。ドラフト、外国人選手、そしてトレードやＦＡ、最近ではメジャー帰りの日本人選手の獲得もそこに入る。そのなかでドラフトは、補強という意味合いからは、少し外れたところにある。即戦力になる選手が獲れれば補強になるが、そんな選手はせいぜい1年に1人か2人だ。それ以外は育てねばならない選手なので、育成という観点でも見なければならない。

なので、まずはトレード、ＦＡ、メジャー帰りの日本人について話を進めていこう。

糸井嘉男のトレードで得をしたのはオリックスか、日本ハムか

トレードは基本的に、等価値による交換によって成立するものだ。1対1で釣り合わないなら1対2なり、2対3なりとして釣り合わせる。とはいえ野球選手の場合、交換対象

が複数になっても、合計の年俸の数字が釣り合えば、お互いが大きく損も得もしない等価の交換として成立するかといえば、そうとは限らない。

私が思うには、13年の日本ハム糸井嘉男・八木智哉と、オリックス木佐貫洋・赤田将吾・大引啓次のケースもその1つだ。09年から4年連続打率が3割以上で、中軸を任せられる外野手の糸井を獲得できたことで、一見はオリックスが得をしたトレードに見える。しかし糸井はメジャーリーグ志向があり、球団にポスティング移籍を訴えていた。そのことで扱いに困った日本ハムが、話を持ちかけたのだろう。

オリックス側の交換要員になった大引は、持病の腰痛を抱えていたり、成績が不安定な面があった。それを補うために私が監督だった11年のドラフトで、社会人の内野手を3人も指名したが、それでもまだオリックスの遊撃では一番手の選手だった。遊撃は、内野守備の要。しかもそこでレギュラーを務めていた選手の代わりなど、そうそういるものではない。

日本ハムは前年のドラフトで獲得した大谷翔平に、投打の二刀流に挑戦させる意向があったので、外野のポジションが1つ空けられたのは、むしろ好都合だったかもしれない。それにケガと加齢で力が衰えてきた金子誠の代わりになる、レギュラークラスの遊撃手を得ることもできた。日本ハムにとっては、プラス面の多いトレードだ。

オリックスは糸井を獲得しても、その年のオフに退団されるリスクがあった。1年限りでなくとも、いつ出ていかれるかわからない。そんな選手の交換要員の1人が、遊撃のレギュラーである大引だ。内野の要を放出してまで獲った主力選手に、いつ出ていかれるかもしれない危険性を抱えている。そんな場当たり的な補強で、強いチームがつくれるはずがない。私が監督なら、このトレードは間違いなく断っていた。その場しのぎというか、とにかく目の前のシーズンで優勝したいという発想でしか考えないから、ああいうトレードになるのだ。

私の監督時代から、オリックスはとにかく現場に持ち込まれるトレード話が多かった。阪神時代の比ではない。よほどトレードが好きなのか、私のところには何度も話がきて、そのたびに「いらない」と断るのがほとんどだった。

現場の意向を押し切って成立させられたトレードもあったが、そうして獲得した選手は誰1人として活躍していない。球団から持ちかけられた話で私が賛成したのは、10年オフに横浜から獲得した寺原隼人くらいだ。

その前年に巨人から木佐貫洋をトレードで獲ったが、これは私が直接、原辰徳監督に交渉して獲ったものだ。しかし木佐貫は在籍3年で糸井絡みのトレードで日本ハムに、寺原にいたってはわずか2年でFAでソフトバンクに移籍した。外から獲るにしても、その選手をチームの中心に据えていく意識や覚悟がなく、使い捨てのように次々と取り換えているだけなのだ。

不要なトレードは、こうして発生する

トレードは、両球団とも成功するケースは少ない。トレードを発表するに際して球団側は、

「うちでは活躍できなかったけど、環境が変わったら力を発揮する」

などと言うが、そうではない。本当にいいものを持っている選手だったら、トレードで出すはずがない。

昔の山内一弘さんと小山正明さんのように、4番打者がいなかった阪神と、エース不在だった東京（現ロッテ）の思惑が合致した超一流同士の大型トレードなら、お互いのチームに大きな好影響を与える。しかし実際に多いのは、一軍半的な選手同士の交換。これは

チームに、大した影響も効果ももたらさないことがほとんどだ。そんなトレードを、現場が望んでいるはずがない。

これとも関連するが、シーズン中に行うトレードは、まず成功しない。シーズン中に大型トレードなど、普通はあり得ない。なのになぜ行われるかというと、あれは私に言わせれば、フロントが仕事をしているように見せるためなのだ。トレードでもやっておかないと、シーズン中のフロントは働いていないように見える。だからだろう。シーズン中のトレードはフロント主導によるものがほとんどで、現場としては必要のないものばかりだ。

たとえば一塁手や外野手は代えがきくが、捕手や二遊間など、特殊なポジションの選手が1年間を棒に振るようなケガをすれば、緊急に補わねばならない。そういう場合のシーズン中のトレードは当然、必要だ。

だが実際に行われているのは、出番のない者同士の交換。そうしてお互い新しいチームに行っても、また出番がない。そんなトレードが必要であるはずがない。申し訳ないがそうやって来た選手を、現場は戦力とは思っていない。

メジャー帰りの日本人は獲得するべきか、否か

阪神は13年に、ともにメジャー帰りの福留孝介、西岡剛を補強したが、これらは果たして正しい補強だったか。私個人の見立てとして、西岡はまだ若いからやれると思った。福留は、私のオリックス監督最終年だった12年に調査していた。そのときの結論はすでに、年齢的にも厳しいというものだった。

近年の阪神は勝つチームではあるが、メンバーの編成がオリックスのようにその場しのぎのツギハギになってきている。このあたりのほころびから、勝てないチームに転じる可能性は充分にある。本来なら12年くらいから若い選手を育てることに転換するべき時期だったが、そのタイミングを逸したばかりか、13年には西岡、福留と、獲ってすぐにレギュラーを確約する選手を、また外部から補強してしまった。

彼らばかりでなく、10年には、シアトル・マリナーズを退団した城島健司を獲得した。城島は1年目こそフル出場して28本塁打、打率も3割を超える活躍をしたが、その後は左ヒザのケガで満足な働きができず、12年限りで引退した。

前年の09年は正捕手だった矢野燿大が開幕前にケガをして、狩野恵輔が開幕戦からマスクをかぶり、最終的に127試合に出場した。矢野の後継者は、私が監督のときからの問題だった。これで腰をすえて狩野を正捕手に育てていくのかと思っていたところに、城島の獲得だ。

試合で使うのは、他所から来た選手ばかり。しかもアメリカ帰りの大物を獲るとなると、今では複数年契約が当たり前になっている。そうなればレギュラーを目指して励んでいる選手は、これから数年は自分の出番はないのかと気持ちが萎えてしまっても仕方がない。狩野もそうして、成長するチャンスを削がれてしまった。

私には、西岡にはロッテ時代に、福留には中日時代にやられたイメージが、いまだにある。ファンにとっても、タテジマを着ている西岡や福留を、心の底から応援できるかといえば、複雑な気持ちになるのではないだろうか。

一時の巨人がそうだったが、今は阪神が以前の巨人のようになっている。巨人が外部から選手を集めてチームをつくって失敗した例があるのに、同じ道をたどっている。これはかなり、悪い兆候だ。その場しのぎで、目の前の1年ばかりを追っているから、こうなるのだ。生え抜きが主力にならない今のチーム状況を、2～3年で立て直すのはかなり難しい仕事である。阪神は今すぐにでも、チーム編成や補強に対する考え方と方向性を改めるべきだ。

FAによる補強はプラスになるか、マイナスになるか

日本のプロ野球で選手が最初にFAの権利を得るには、国内移籍の場合は8シーズン、海外移籍は9シーズン、一軍に登録されないといけない。権利を獲得したときは、ある程度の実績と数字を残している反面、選手としてはこれからピークを過ぎていく年齢になる。高卒で入団して1年目から一軍でバリバリに活躍していれば20代半ばでの取得も可能だが、実際にそれはなかなか難しい。大卒で1年目から即戦力で活躍しても、権利を取得したときには30歳を過ぎている。

現状で日本のFA選手は、実績があって名前も売れているが、年齢的に下り坂に差し掛かってきた選手ということになる。そういう選手を獲るのは、チームにとってマイナスのほうが大きい。

私が阪神の二軍監督だった02年に、日本ハムから片岡篤史が移籍してきたが、期待どお

りの働きはできなかった。年齢的に力が落ちてきているところはあったが、それ以上にプレッシャーに負けた。ずっとパ・リーグでプレーしてきた片岡が、大勢のマスコミに取り囲まれ、満員の甲子園でプレーする環境で感じた重圧は、日本ハムで感じていたものと比較にならなかっただろう。

それに当時はまだ交流戦もなく、セ・リーグの投手はほとんどが対戦したことのない相手だったのも、片岡にはデメリットだった。

次の年は、広島から金本知憲が移籍してきた。あの金本でも、タテジマを着ることに強いプレッシャーを感じていた。当時チーフ打撃コーチを務めていた田淵幸一さんは、最初から金本に4番を打たせるつもりでいた。しかし金本は同じリーグで前年の片岡の姿を見ていたから、自ら志願して3番を打ちたいと言ってきた。1年目の03年はつなぎの打撃で優勝に大いに貢献したが、打率・289、19本塁打は金本本来の数字ではない。

金本の阪神2年目に私が一軍監督になって、キャンプで今季から4番で行くと伝えた。前年に優勝に貢献したことで、プレッシャーから解放されたのだろう。金本は納得した表情で頷いた。

阪神の監督時代、FA宣言した新井貴浩を獲得した意図

空いているポジションをピンポイントで、FAなどで補強するのは使ってしかるべき手段である。私は阪神の監督をしていた08年に、広島からFA宣言した新井貴浩を獲った。新井は前年まで広島で主に三塁手だったが、私は三塁を任せるつもりはなかった。なぜ新井を獲得したかというと、07年限りで一塁を守っていたアンディ・シーツが退団して、そのあとのポジションに当てはめるためだったからだ。穴の空いたところを補う意味の、まさに補強という意図があった。

FA選手は当然、即戦力として獲得するわけだから、獲った以上は開幕前に大ケガをするなど、よほどのことがない限り試合で使う。獲得には、それなりの金額を費やしている。営業面を考えても、フロントも使ってほしいに決まっている。

ただFA選手を獲るということは、自動的にポジションが1つ埋まってしまうということでもある。そうなると、若い選手が使えなくなる。若手が育たない球団というのは、背景にそういう部分があるものだ。獲ろうとするポジションに穴が空いているなら、FAは

効果的な補強になるだろう。しかしＦＡ選手は年齢から考えても、活躍できる時期は数年しか残っていない。ＦＡ選手と同じポジションに芽が出始めた若手がいたら、ＦＡ選手を獲る必要はない。それよりも、その若い選手を育てていくべきだ。

13年の阪神がそうだった。アメリカ帰りの西岡、福留を獲得したが、二塁は上本博紀、外野も伊藤隼太や柴田講平ら、若い選手を育てるべきだった。若い選手は試合に出て失敗をして、それを糧に成長する。彼らは今がまさに使いごろで、そうやって育てていく時期の選手だ。同じポジションにメジャー帰りの選手が来れば、そちらを優先して起用するので、若い選手は試合に出る機会を失い、伸びていくチャンスを逸してしまう。こういった補強は、先々を見るとチームにとって害になることのほうが多い。当座のチームの成績にかかわらず、将来を見越したチームづくりという観点においては、失敗だと私は思う。

阪神は日高剛を、ＦＡで獲得する必要があったのか

私はオリックスの監督時代に、捕手の日高剛に対して厳しい評価をしていたが、その日高を阪神が13年にＦＡで獲得した。

日高は私がオリックスの二軍助監督をしていた1996年に、高卒で入団してきた選手で、そのころから打撃は良かった。しかし捕手としてはヒザが硬くて柔軟性がなく、ミットの操作も良くなかった。私が一軍監督になってオリックスに戻っても、リードは外角一辺倒の単調なもので、正捕手として起用するには難しいレベルだった。

日高は私がオリックスの監督のときに、阪神からトレードを持ちかけられていた。阪神がFAで藤井彰人を獲る以前のことだ。私は承認していたが、交換要員として阪神が上げてきた5～6人の選手は、いずれも一軍にも上がっていない二軍の投手ばかり。一軍の捕手である日高と、釣り合うはずがない。どれほどの殿様商売をする気かと頭に来て、この話を断った。

そんな日高が阪神の選手になったが、果たして戦力になっているといえるだろうか。捕手で獲ったのに、テレビを見ていても解説者は、

「今年の日高選手は、バッティングがいいですね」

としか言わない。阪神は捕手を補うために獲っているにもかかわらずだ。それに打力のある捕手なら、2012年途中に日本ハムからトレードで今成亮太を獲得している。その今成も、13年は捕手登録ながら、打力を生かすためとして、外野や一塁に回されていた。

これでは、補強の狙いが迷走しているとしか映らない。

トライアウト――他球団をクビになった選手は戦力になるか

01年から、自由契約になった選手を集めて、12球団合同トライアウトが行われるようになったが、そこに戦力になるような選手は、ほとんどいない。これは裏事情だが、トライアウトを受ける前に他球団と事前交渉をしてはいけないことになっているものの、暗黙の了解でそれが行われている。

今はどの球団も編成部門に多くの人員を置いていて、彼らは一軍より二軍のゲームを見ることのほうが多い。そこで一軍半から二軍クラスのだいたいの選手を見ていて、自由契約になった選手の力量も把握している。

そんななかで、自分のチームで使えそうな選手が自由契約になったら、ある程度は事前に声をかけている。そして、「いちおう、トライアウトは受けてくれ」ということになっているのだ。

とはいえ、そのように獲ってきても実際に戦力になることは、ほとんどない。過去にトライアウトを経て新たな球団と契約した選手を見ても、戦力になっている選手は、ほとんどいない。選手の獲得にも裏事情があって、奥さんの実家が神戸だから関西のチームに行きたい、九州出身で最後は地元で骨を埋めたいなどの事情を球団が温情で考慮して、野球の実力と関係ないところで入団が決まることもある。

現場はトライアウトを、大事な補強の機会とは考えていない。私はオリックス監督時代の11年に、神戸で開催されたトライアウトに足を運んだ。当日は選手たちが必死でアピールしていたが、初めから期待はしておらず、なにか拾い物があればラッキーくらいに考えていた。当日は選手たちが必死でアピールしているのは感じたが、一軍の戦力になるかといえば、はっきり言って厳しい。こちらが求めているのは、一軍の戦力になる選手だ。しかし、トライアウトに集まるのはほとんどが二軍レベルで、わざわざそんな選手を獲って二軍に置いておく意味はない。

トライアウトには韓国や台湾のチーム、社会人野球のチームも来るので、そういうチームから声がかかって、野球を続けられる機会が得られるかもしれないのは、選手にとって悪いことではない。しかし、日本のプロ球団から解雇されたということは、そのレベルの選手だということ。本当に力があれば、クビにはなっていないはずだ。

野村克也監督と星野仙一監督が、阪神で行ったチーム改革

1999〜2001年に阪神の監督を務めた野村克也さんは、機動力のあるタイプの選手が好みだった。ドラフトで獲った選手を中心に足の速い選手を集めて、F1セブンとして売り出したが、いずれもまだプロとして活躍するには育成する部分が残っている選手で、1〜2年ですぐに結果が出るものではなかった。野村さんの時代はドラフトもトレードも小粒で、大きな動きは00年にオリックスの星野伸之をFAで獲ったことくらい。その星野も阪神の3年間でわずか8勝と、オリックス時代の輝きは放てなかった。野村さんの時代にチーム内を一変させるような改革は起きなかったが、その後に野村さんがドラフトで獲得した赤星憲広や藤本敦士、吉野誠が中心選手に育ち、03、05年の優勝に貢献したことで、いちおうの成果は出たといえるだろう。

それ以上に成果があった野村さんの功績は、いい選手を獲得するにはカネがかかること、強いチームをつくるには編成部を強化しないといけないことを、久万俊二郎オーナーに直談判してわからせたことだろう。

その次に監督になった星野仙一さんは、監督1年目だった02年のオフに20人以上の選手を入れ替え、ドラフトでも11人もの選手を指名した。いわゆる、〝血の入れ替え〟だ。同じことを続けてきて勝てなかったのだから、それくらい思いきったことをしなければ、なかなかチームは変えられない。善し悪しは別として、あのときに星野さんがやったことは、後々に生きたと思う。あれができたのはやはり、星野さんが生え抜きの監督ではなかったからだ。

野村さんと星野さんは、現場のチームを変えたこともあるが、フロントや編成の考え方も変えさせた。球団も最初は、それがプラスになるとは思っていなかっただろう。しかし、プロ野球とは結果を残すこと、すなわち勝つことが第一だ。いい結果が出たことで、阪神のフロントは考えを改めた。野村さん時代の3年と、星野さん時代の2年。生え抜きではないが、優勝経験のある人が監督を務めたあの5年で、阪神という球団の体質は変わったと言える。

3-2 ドラフト

チームづくりの根幹をなすドラフトが、将来を左右する

ドラフトには来季に向けた補強と、チームの将来のために育てる選手を獲るという、2つの性格がある。ドラフトで即戦力の選手が獲れるのは、せいぜい1年に1人か2人。今のチーム編成ですぐに補強するべきポジションに即戦力の新人がいるなら、全力で獲得に向かうべきだ。

それと同時にドラフトでは、将来のチーム編成も視野に入れて選手を獲得しなければならない。チームの編成はポジション、年齢に片寄りがなく、バランスが取れているのが理想だ。

チーム編成のバランスが崩れていたオリックス

私がオリックスの監督になったときは、投手は右投げばかり、外野手は左打ちばかりと、とにかくチーム編成のバランスが崩れていた。

これはひとえに、編成上の問題である。選手構成のバランスをまったく考えておらず、将来的なビジョンも持っていない。そのときどきでメンバーの構成を見て、数年後にどこに穴が空きそうかという視点を持たず、場当たり的に選手を獲得していた悪影響が、すべてに見て取れた。

私はドラフトで、崩れたチームのバランスを是正することにした。そんなことは本来、監督がやる仕事ではない。長くチームにいる、編成の人間がやるべきことだ。

オリックスのドラフトは、驚くことばかりだった

手を付けねばならないところはたくさんあったが、1年目の09年はまず投手から立て直

すことにして、投手ばかり5人、そのうち左投手を4人指名した。2年目は外野手を3人、最後の3年目はチームに内野手の控えが1人しかいない状態だったので、すぐに使えそうな社会人の内野手を3人も獲った。全体のバランスや将来的な視点を持たずにやってきたから、あとでこうやって極端に獲らないといけないドラフトになってしまった。

それにオリックスは、スカウトが弱いことが致命的だった。09年は結果的に投手ばかりの指名になったが、右打ちの外野手も大きな補強ポイントだった。その年にロッテが1位指名したトヨタ自動車の外野手・荻野貴司は、オリックスも上位候補に挙げていた。

「ロッテは荻野のヒザが悪い点を懸念して3位でいきますから、ウチは2位でいけます」

とスカウトが言うので、

「ホンマに、2位でいけるのか？」

と聞いたら、自信あり気に、

「いけます」

と答えた。その年のオリックスはシーズン最下位で、オールスターの得失点差でパ・リーグが上回っていたことから、ウェーバー巡で2位指名はいちばん初めに回ってくる。それならば、1位は左投手の古川秀一でいって、荻野を2位で獲ろうとなった。ところが当日、ロッテは1位で荻野を指名した。ロッテが1位で来るなら、私も競合覚悟で荻野を指名するつもりだった。

「荻野、ロッテが1位でいってるやないか！　どんな情報を得てるんや！」

私は思わず、声を荒らげてしまった。

話はこれだけではない。私は近畿大の藤川俊介、ＮＴＴ東日本の清田育宏にも注目していた。2人はともに3位以上の指名でなければプロ入りしない意向で、それはマスコミの報道にも上がっていた。09年のオリックスのドラフト戦略では、彼らを3位までに指名するのは難しく、スカウトは、

「3位以下なら藤川は社会人の東邦ガス入社が決まっていて、清田も会社に残りますから、2人は獲れません」

「指名されたらプロに行きたいやろうから、下位でも入団するのと違うか」

と問い質したが、スカウトは、

「監督も、行かせないと言ってます」

と言う。私が直接アマチュアの現場に足を運んでいたわけではないので、スカウトの言葉を信じるしかない。やむなく、2人の指名をあきらめた。

ところが、ドラフト会議当日。清田をロッテが4位で、藤川は5位で阪神が指名した。

「おい、指名してるやないか！　これで2人が入団したら、お前らの調査は間違ってたということやぞ！」

スカウトは、知らないフリを決め込んでいる。入団交渉に多少の時間は要したが、2人がプロ入りしたのは、ご存知のとおりだ。スカウトのたび重なる失態に、私は憤りを抑えることができなかった。

スカウトはドラフトのために1年間、アマチュアの現場に足を運んでいる。試合を見て選手を評価するばかりが仕事ではなく、アマチュアチームの監督と話をしたりして関係を築き、正しい情報を得てくるのも大事な仕事だ。藤川と清田が入団したということは、オリックスのスカウトがだまされているということではないか。オリックスのスカウトは、アマチュアの現場と人間関係を築けていないことを露呈した。これはもう、完全にスカウトの力不足だ。

オリックスのドラフトでは、それ以上に驚かされることがあった。ドラフト前の会議では候補になる選手の映像が用意されるものだが、それが一切なかった。何で判断するかというと、紙に印刷されたリストのみ。そこに書かれてある文字にしか、情報はない。ドラフト前日になっても、映像を見ずに獲得する選手の検討に入るのだ。阪神では事前に候補選手の映像を見ていたので、不思議に思って、

「映像ないいんか?」

と聞いても、そもそも撮っていないのだ。ドラフト会議当日も、他球団が選手を指名するたびに、紙のリストにある名前をペンで消していって、残っている選手を指名する。愕然とすることが多く、やはり組織的に勝てないチームだと思った。

巨人との一騎打ちだった、鳥谷敬の獲得秘話

プロ野球の一軍監督になると自動的にスカウト登録されるのだが、私は阪神の二軍監督時代に、二軍監督としてはプロ野球で初めてスカウト登録をした。

阪神は02年の自由枠で、早稲田大の和田毅の獲得を狙っていた。

当時の阪神の編成部門は、早稲田大に確かなルートを持っていなかった。私は早稲田大のOBで、関係者やOBらとつながりがある。その強みを生かして、自分で行ったほうが獲れると思ったからだ。

長野で行われたフレッシュオールスターのあと新幹線に乗って、東京の早稲田大まで行ったこともあった。そのときは野球部の監督だった野村徹さんと、元南海監督の鶴岡一人さんの息子で、シアトル・マリナーズの極東スカウトの山本泰さんも一緒にいた。

山本さんは、

「ＯＢの岡田のところに、行かせればいい」

と言ってくれるなど、いいところまで進んだが、自由枠となると、いろいろな経緯や、金銭的なことも絡んでくる。金銭面の問題はのちに、04年の一場靖弘の一件で大問題になった。詳しく書くことは差し控えるが、このころは各球団があの手この手で暗躍していた。そんなこともあって途中からソフトバンクの影がどんどん濃くなってきて、最終的には持っていかれてしまった。早稲田大ＯＢというつながりを持っていても、純粋な選手獲得活動の先にある話までは、私の手に及ぶものではなかった。

翌03年に私は一軍の内野守備走塁コーチになったが、この年も早稲田大に鳥谷敬がいたこともあり、引き続きスカウト登録をしていた。夏場にはチームが2位に10ゲーム近く差を付けていたこともあって、オールスターが終わったころからは東京遠征のたびに私１人で先に上京して、鳥谷と会って食事をしたりしていた。現場の人間は普通、一軍監督以外はスカウト活動ができないが、私はスカウト登録をしているので、誰からも咎められる立場にはない。

鳥谷のときは、彼の保証人が私の1期上の先輩だった。それに出身校である聖望学園高の岡本幹成監督も、阪神ファンで私に憧れていたという縁があって、よく知っていた。

岡本監督の出身校は桜宮高となっているが、彼は最初は私の母校である北陽高の野球部に在籍していた。私に憧れて北陽高に入学したらしいが、部員数が多くてレギュラーになれないと思い、1年で辞めて桜宮高に転校した。そのときの桜宮高の監督だったのが、のちに東北福祉大の監督になって、金本や矢野らを育てた伊藤義博さんだ。岡本監督は伊藤さんのあとを追って東北福祉大に進み、同校でコーチをしてから聖望高の監督になっている。そのときに聖望高に入ったのが、鳥谷だ。私と鳥谷の周りの人とは、そういうつながりがあった。だから和田のときよりも、もっと話は進めやすかった。

鳥谷を巡っては、巨人と一騎打ちだった。巨人も攻勢を仕掛けていたようで、原辰徳監督とも会っていたと鳥谷自身が言っていた。最終的に関西に縁のなかった鳥谷が阪神を選んだのは、鳥谷を早稲田大に入れた保証人や、高校の監督らが私とつながりがあったということが、もっとも大きな要因だろう。ここまで絞り込んだものではなくとも、人間関係を築くということがスカウトには大事なのだ。

スカウト会議では、どんなことが行われているのか

年が明けたころから何度か行われているスカウト会議が、詰めの段階を迎えるのは、阪神の場合は夏の甲子園が終わったころだ。会議には、一軍監督である私も出席していた。阪神の会議では九州や中国・四国、関東など、全国各地の担当者が候補になる選手をそれぞれに挙げてきて、その人数は60人以上にもなる。

その年の補強すべき部分を絞り込み、たとえば右打者が不足しているなら、候補選手のなかから右打者を挙げていく。そのなかで、内野手なのか外野手なのか。高校生ではこんな選手が、大学生、社会人ならこの選手がいると挙げて、そのなかでランク付けしていき、編成部長らフロント陣、スカウト、一軍監督らで侃々諤々《かんかんがくがく》と議論しながら、指名する選手を絞り込んでいく。

ところがオリックスでは、私はスカウト会議に一度も出たことがない。日程すら知らされず、私の知らないうちに会議が行われていた。おかしいと思ってフロントの人間に、

「俺、会議に出なくてエエの？」

と聞いたら、

「最終的に、ドラフト前日の会議に出てもらえればいいです」

などと言われた。

オリックスで私は新人の獲得に、ドラフト前日までノータッチだった。事前にビデオも見せられず、ドラフト前日に判断材料にするのは、紙に候補選手を書き出したリストだけ。初めて映像が見られるのは、獲得が決まったあと、1月の半ばごろのコーチ会議の場だった。そこでプレーしている姿を見て、悪い意味で「ええっ！」と驚くこともあった。これで入団してきた新人をどうにかしろといわれても、それは無理な話だ。

大学生を獲得するときのポイント

大学の選手は1年から4年まで、平均していい状態でないといけない。1年から4年にかけて右肩上がりで良くなっていくのが理想だが、2年のときがいちばん良かった、3年までは良かったが4年は不調だったなど、波のあった選手はプロでは大成しづらい。

とくに4年のときにダメだった選手は、プロに入ってもなかなか伸びない。阪神の伊藤隼太が、そうだ。伊藤は2年の秋に慶応大の4番に抜擢され、3年春でリーグ打点王になり、大学最後の4年春も打率・405を記録したが、秋は打率・262と大きく成績を落とした。

そのとき私はオリックスの監督だったが、大学時代の伊藤のことは評価していなかった。阪神の人間ではなかったので詳しいことはわからないが、阪神は2年か3年のいちばん良かったときに、もう獲得を決めていた節がある。だから最後の最後で悪くなっても、いい選手だという目で見てしまっているから、評価を変えられなかったのだろう。

04年の自由枠で横浜に入団した那須野巧も、日本大の3年まではそう高い評価ではなかったのに、4年のときに東都大学リーグで当時新記録の10連勝を達成して、一気に注目を集めた。横浜は12球団で申し合わせた上限をはるかに超える5億円以上の契約金を払ってまで獲得したが、まったく活躍できず、09年オフにロッテに移籍したあと11年限りで自由契約。プロ通算は、わずか13勝に終わった。

横浜の担当スカウトがその後どうなったかは知らないが、大金をつぎ込み、契約金問題まで明るみに出て獲った選手がこの有り様なら、普通の会社員ならクビが飛んでいるだろう。

社会人獲得は、所属チームがどこかも意識する

社会人出身の選手を獲るときは、所属チームがどこであるかも意識する。それは、社会人がもっともチームによって練習の質と量に差があるからだ。会社の仕事をして夜から練習するところもあれば、野球だけに専念しているチームもある。最近はクラブチームが増えてきたが、練習すらままならないところも少なくない。

強豪や名門といわれるチームは練習環境や設備が整っていて、そういうチームには大学や高校でドラフト候補だったのに指名されなかったレベルの、いい選手が集まってくる。有力チームの選手レベルは、ほかと比較してもやはり高い。

最近ではJR東日本、東芝、JX－ENEOSなどが強豪と呼ばれるチームで、そういったチームはプロで活躍する選手を多く輩出している。私もオリックスの11年のドラフトで東芝から安達了一、JR東日本から縞田拓弥と川端崇義を獲った。川端は1年目から規定打席に到達し、安達は大引が日本ハムに行ったこともあるが、2年目の13年は遊撃のレギュ

ラーになった。

社会人出身者は基本的に、即戦力と考えている。大学を経た選手なら、最短でもプロ入りできるときには24歳になっている。これから時間をかけて育てていく選手ではない。たとえそれ以上に年齢を重ねていても、今いる選手と比較して社会人のほうがピンポイントで補強箇所に当てはまるなら、獲りにいく。プロ入りしても残された時間が少ない選手の獲得には、プロ側も慎重になる。そんなときは、本人にプロに行きたい気持ちがあるかをしっかり調査してから、指名するかどうかを決める。ときどき20代後半でドラフト指名されて話題になる選手がいるが、そういう事情があるのだ。

13年の阪神のドラフト

13年の阪神のドラフトは、1位指名の大瀬良大地、外れ1位の柿田裕太をともに3球団競合の末にくじで外し、外れ外れ1位の岩貞祐太も日本ハムとの競合になったが、ここでようやく当たりくじを引いた。くじに関しては運なのでどうしようもないが、私なら競合が確実な大瀬良ではなく、単独でいけそうだった柿田を指名していたかもしれない。

13年は大瀬良以外にも、桐光学園高の松井裕樹にも指名が集中することが予想された。そうなるとくじを外す球団が多く発生し、1位の再入札でまた重複してくじ引きになり、それを外すとまたくじ引きになるかもしれないリスクがあった。

指名した順から見ると、岩貞は球団内の評価では3番目の選手ということになる。これはもちろん結果論だが、大瀬良を避けて最初から柿田を指名していたら、2番目の評価の選手を競合せずに獲れていた。

ドラフト会議は当日も、さまざまな駆け引きや戦略が練られている。会場入りしても、担当スカウトらが各学校や社会人チーム、あるいは監督に直接電話をかけて、直前まで情報を集める。ここでものをいうのが、スカウトとアマチュア関係者との人間関係だ。そうして情報が入るたびに控室に用意したボードに、どの選手をどこが1位で指名するかなどと書きこんでいって、最終的に指名する選手を決定していく。

先に書いたオリックスの件は、スカウトとアマチュアチームの関係ができていないことの典型だ。ロッテのスカウトが関係を築いていて、

「他球団から何か聞かれても、ロッテは上位で獲るとだけ言ってたと、言っておいてくれ」

と言っているかもしれない。それはスカウト同士の駆け引き。だまし合いも、スカウト

ないのだ。だまされないためにも、人間関係をしっかりとつくっておかなければいけのテクニック。

近年の阪神のドラフトは失敗だ

近年の阪神の編成は、オリックスのようにその場しのぎのツギハギになってきている。それは、メンバー構成を見ればわかることだ。

私が退団した以降のドラフトで獲得した選手で、レギュラーを獲った選手はいない。そればかりか、13年終盤のゲームを見ていて、ベンチ入りメンバーで、08年以降のドラフトで入団した選手は柴田講平と俊介しかいないことがあった。先発メンバーではない。ベンチ入りしていたのが、この2人だけだったのだ。先発メンバーは鳥谷を除けば、FAで獲ったり、トレードで交換したりという選手ばかり。ベンチに目を移しても、レギュラーを脅かす野手はいない。これは異常な結果である。はっきり言って、編成の失敗だ。

新人選手の獲得に関して私は、翌年から監督になる03年度から08年度まで、阪神のドラフトにかかわっていた。08年度はドラフト会議を迎える前に監督を辞していたが、シーズン中の編成会議には加わっていた。

この間に獲得した選手は鳥谷敬（03年・自由枠）、筒井和也（同）、能見篤史（04年・自由枠）、岩田稔（05年・希望枠）、渡辺亮（大学社会人3巡目）、大和（05年・高校生4巡目）らが一軍の戦力になった。06年・大学社会人3巡目の上園啓史は、11年のオフに楽天にトレードになったが、07年のルーキーイヤーに8勝を挙げて新人王を獲得した。ほかに主なところでは、和製大砲としてブレイクの期待がかかる森田一成（07年・高校生3巡目）、柴田講平（08年・2位）、14年から阪神の選手会長になった上本博紀（08年・3位）らが、私が獲得にかかわった選手だ。

ドラフトで獲った選手全員が戦力になることは、まずあり得ない。1年度で1人か、よくて2人。3人も戦力になれば、その年のドラフトは大成功だ。それを鑑みると、手前味噌ながら悪くはないと思っている。

しかし09年度からの選手は、大多数が戦力になっていない。高卒の選手は戦力になるまでに時間がかかるものなので、その点は考慮しないといけないが、それでも一軍の戦力になったといえるのは、10年の榎田大樹（10年・1位）と藤浪晋太郎（12年・1位）くらいだろう。

榎田は当初、中継ぎで活躍したが、左ヒジの故障を考慮して先発に転向した13年は4勝にとどまった。藤浪は13年に10勝を挙げたが、それは高卒1年目のルーキーイヤーの成績。持てる力は認めるが、実績という積み重ねではこれからの選手だ。

最近の阪神は投手も野手も、若い選手が育っていないのが現実だ。明らかに、ドラフト戦略がうまくいっていない。現実に、誰も戦力になっていない。スカウトの力量なのか、選手育成の方法なのか、または球団の方針なのか。何に原因があるのかを突き詰め、根本的に考え直さないといけないことは明確だ。

3-3 外国人選手

外国人選手の当たり外れが、チームに大きな影響を及ぼす

戦力補強でいちばん即効性があるのが、外国人選手とFAだ。先発ローテーションが一枚足りない、クリーンアップで長打を打てる打者がもう1人欲しい。そういうところを補うのに適しているのは、即戦力のFAと外国人選手だ。とはいえ、FA選手が市場に出回る数は限られている。そういうこともあって、いちばん手っ取り早いのが外国人選手だ。

私が現役のころは一軍登録は2人までだったが、今は最大で4人。影響力が増したぶん、外国人選手の当たり外れがチームに及ぼす影響が大きくなった。

4人の外国人選手を一軍登録する際の出場枠は、野手2+投手2、野手1+投手3、野

手3＋投手1のいずれか。ルールを最大限に活用すれば、野手ならば8つしかないポジションに3人の外国人選手を入れられる。外国人野手を1人にすれば、先発ローテーションに3人の外国人投手を入れることも可能になる。そうなると、戦力として簡単に考えていいはずがない。

外国人選手の獲得に失敗ばかりしている球団もあれば、高い確率で成功を収める球団もある。外国人選手は、もっとも当たり外れが明確になる。球団内で外国人選手を調査、獲得するのは渉外部門。そこの能力が他球団に劣っていれば、それはチームの成績に大きく反映される。

外国人選手を獲得する際のポイント

シーズン途中に獲ってくる外国人選手は、基本的にダメだ。一時の阪神がシーズン中に外国人選手を取っ替え引っ替えしていたが、見事に結果に表れていない。

最近はチームOBの外国人をアメリカ駐在スカウトにして、選手獲得を依頼する球団が増えた。阪神も、アンディ・シーツ、ジェフ・ウィリアムスに駐米スカウトを任せている。

日本でプレーした経験を持つ彼らの見立てで、日本に合う外国人選手が来るようになった。代理人の売り込みビデオを見て獲得を決めていた時代からは、ずいぶんと進歩した。

成功する外国人選手を獲得するのに、絶対的な正解はない。そんなものがあれば、外国人選手で失敗する球団はないはずだが、現実的にはそうはなっていない。

外国人選手獲得のポイントで昔からよく言われるのが、日本の野球に合うか合わないか。メジャーで実績を残した選手はプライドが高くて、自分のプレーが日本の野球に適応しなくても、スタイルを変えない。むしろ3Aクラスで、日本で成功してやろうというハングリー精神がある選手がいいというのが昔からの定説だが、今はそういった精神論から、もう一歩突っ込んだ視点が必要になってきている。

外国人野手を働かせるための契約の仕方

技術面では、打者ならボール球に手を出さない選手がいい。とくに日本の野球は、低めにボールになる変化球で攻めてくることが多い。そんな球に手を出しては、安打にするのが難しいばかりでなく、自分の打撃を崩すことにもつながる。ボール球を振らないことが、日本で成功するいちばんの秘訣だ。

そういう資質を持った選手なら、契約の仕方1つで働かせることが可能になる。簡単に言うと、四球にも出来高の契約を付けてやるのだ。外国人の野手と契約する際に、本塁打や安打、打点に出来高が付くのはもはや当たり前だが、日本の球団は四球については重要視してこなかった。

日本でいちばん最初に四球に出来高を付けたのは、ヤクルトのロベルト・ペタジーニだったと思う。ペタジーニが1年目の1999年に選んだ116四球は、リーグ最多。本塁打も44本を打って、タイトルを獲った。39本塁打、127打点で2冠に輝いた2001年も、120もの四球を選んでいる。ボール球に無理に手を出さず、素直に四球を選ぶことが、打撃にいい影響を与えていたことは明らかだ。

13年に楽天で4番を打ったアンドリュー・ジョーンズも、四球に出来高契約が付いていたはずだ。ジョーンズはアメリカでは年間で多くても80個くらいだった四球が、13年はリーグ最多の105個を数えた。出塁率も・391と高い数字を記録し、チームに貢献した。

打たないとカネにならなければ、少々のボール球でも打ちにいくが、四球を選べば出来高が加わるなら、選手は無理には打ちにいかない。四球でも出塁すれば、チームにはプラスになる。外国人野手に四球の出来高を付けてやると、選手とチーム両者にメリットが生まれるのだ。

外国人投手は、細かいことができなければ難しい

外国人投手の場合は、クイックモーションやバント処理、牽制など、細かいことができない選手は厳しい。球速などの能力面もそうだが、私が外国人投手を獲得する場合は、そういう細かいことができるかに注意する。セットポジションで完全に制止できずにボークをとられたり、バントで揺さぶられたり。そんなところから、つぶれていく外国人投手は多い。たとえ150キロの速球を投げて、すごい変化球があっても、日本の野球は隙を見つければそこを執拗に攻めてくる。

日本でプレーするために直すべきところが見つかって、それを練習で修正しても、頭に血が上って試合の大事なところでできなくなる。走らせてはいけない場面なのに、セットポジションで止まらずにボークを取られて、タダでみすみす進塁させてしまう。こんなに、アホらしいものはない。

これはまさに、07年に阪神にいたエステバン・ジャンのことだ。ジャンは150キロを超える速球に、落差のあるフォークボールも持っていたが、セットポジションでグラブが止められない悪癖があった。

ルールではセットポジションで投げる前は一度、完全に制止しないと不正投球、すなわちボークになる。日本はその適要を厳格にやるが、アメリカはゆるい。

頭でわかっていても、大事なところで体に染みついたアメリカ式が出てくる。ジャンはそうしてボークをとられ、イライラして自滅することの繰り返しだった。契約金を含めて3億円近いカネを使ったのに、結局はこれが原因で6勝しかできず、1年限りで解雇。この年ジャンが記録したシーズン12ボークは、今も日本最多記録だ。

外国人選手は、日本で育てられるか

日本で育てる目的で外国人を獲るケースがままあるが、ほとんど成功したのを見たことがない。私が阪神監督時代の08年に獲ったアーロム・バルディリスは、数少ない成功例だ。

バルディリスはアメリカでは3Aクラスの選手だったが、ニューヨーク・ヤンキースに昇格した経験もあった。最初は育成選手としての契約だったが、育成選手の最低年俸が240万円のところ、アメリカで得ていたのと同じくらいの500~600万円を払っていた。一から育成するつもりの選手ではなく、守備は良かったので、打撃さえなんとかなれば使えるかもしれない。それなら育成選手の制度を使って獲り、見てみようとなった。

入団したときのバルディリスは25歳と若く、アメリカでの実績がないのでやっかいなプライドがなく、二軍の選手と一緒に同じ内容の練習で鍛えることができた。それに、日本で成功したい真剣な思いがあった。そういう気持ちがあれば、野球は上手くなる。来日1年目の5月に、早々と支配下登録を勝ち取った。

阪神では結果を残せず2年目の09年でクビになり、その直後にいくつかの球団から誘いがあったようだが、日本で初めての監督だった私が翌年から率いることになる、オリックスに入団した。

オリックスでは1年目の5月ごろから、三塁のレギュラーに定着。13年には、チーム最多の142試合に出場する選手になった。14年からはDeNAに移籍し、2年契約で年俸総額は1億5000万円ともいわれている。育成時代から、年俸は10倍以上になった。これは充分に、成功したといえるだろう。

阪神でバルディリスを獲得するときに、実はもう1人アルビス・オヘイダという投手を獲っていた。バルディリスは日本に来て、寮で生活をすることになる。日本語も話せないし、ホームシックになってはいけないから、もう1人獲っておこうということで、同じベネズエラ人のオヘイダを育成選手で入団させた。そういった経緯なので戦力になるとは最初から期待しておらず、年俸もたしか最低の240万円ほどだったと思う。オヘイダも寮で暮らさせて、バルディリスが日本にある程度慣れてきたオールスターのころに、契約を解除した。

阪神はその後も何人か育成選手で外国人選手を獲ったが、誰も一軍の戦力になっていない。11年にBCリーグの群馬から獲ったロバート・ザラテは私もオリックス時代に獲得を検討していたが、金銭面で阪神にかなわなかった。左投げで球速も出るので面白いなと思ったが、肩を壊して13年限りで自由契約になった。

どの球団も若い日本人選手を育てることですら手いっぱいなのに、外国人を育てている余裕などない。若い外国人選手を育てるノウハウもない。育成選手制度を使って外国人選手を獲ることに効果がないのは、成功例がほとんどない事実が証明している。

チームにおける、外国人選手の適正数

一軍登録できる外国人選手は、最大で4人だ。チーム内の外国人の適性数は、本来はこの人数でいい。加えるとしても4人に何かあったときのために、バックアップとして野手と投手各1人を追加して、合計6人くらいが上限だろう。一軍登録できる以外の選手は、二軍に置いておくしかないのだから。

一軍で使わない外国人選手を、二軍に置いておくことに、バックアップ以外の意味は何もない。二軍に外国人選手が増えれば、これから鍛えていくべき若い日本人選手の機会を奪うことになる。それならば、二軍の若手に機会を与えるべきだ。

なのに13年のオリックスには、シーズン中に最大で10人もの外国人選手がいた。一軍で使えるのは4人だけなのに、こんなに獲得してどうするつもりだったのか。ましてやオリックスは、10人全員をフル活用しているわけでもなかった。

6人もの外国人選手を二軍に置いておくことに、なんの考えがあったのか。しかも一軍と二軍の全選手をあわせた支配下登録は、1球団70人と定められている。育てるべき日本

人選手の枠を削ってまで、使えない外国人で選手枠を埋めることに、どんな意味があったのか。私には、その意図がさっぱりわからない。これはチーム編成がまったく機能していないことを、自ら白日のもとにさらけ出したようなものだ。

オリックスはフロントの上層部に外国人がいるので、その関係だろう。やたらとアメリカから外国人を獲ってくる。私が監督をしていたときも、フロント主導で外国人選手が何人か来た。もちろん、戦力にはならなかった。

打率3割、20本塁打の野手は、日本人でつくれる

野手なら打率3割、20本塁打の選手は、日本人選手を育成することでつくれる。外国人に求めるのは、それ以外の部分。打率は・250でもいいから、30本塁打以上は打つ。そういう選手だ。打率3割、20本塁打はまさに阪神のマット・マートンに近い数字だが、本来ならそういう選手は日本人で賄わないといけない。そうすれば、外国人枠が有効に活かせる。外国人選手には一発長打など、日本人選手にない魅力を求めるべきだ。そういう選手が1人加わるだけで、打線はガラリと変わる。トニ・ブランコが入団した13年のDeN

Aが、まさにそうだった。

外国人選手はチームに足りないところや、日本人選手の力が及ばないところを補う〝助っ人〟として考えるべきである。

14年の阪神の外国人投手補強は吉と出るか、凶と出るか

13年の阪神が2位になったのは、ランディ・メッセンジャーとジェイソン・スタンリッジの存在が大きい。2人はローテーションを1年間守って、メッセンジャーは先発29試合で196回1/3、スタンリッジは先発26試合で160回2/3を投げた。勝ち星は打線との兼ね合いもあるが、安定してローテーションを守ったことがとくに評価に値する。ともに先発すれば、平均して6回は投げた。そういう計算できる先発投手がいることが首脳陣、ブルペンにとって、どれだけ助かることか。

阪神時代の井川慶が、そうだった。毎年のように年間200イニングス近くを投げた。年間144試合制で延長を考慮しないと、シーズンのイニング数は1296回。200イニングスというと、その約1/6にあたる。5回までにノックアウトされるのはシーズンで1

回くらいで、井川が先発の日はブルペンはリラックスしていた。緊急事態に備えるのが仕事のブルペンは、毎日ピリピリしたムードでいるが、週に1回でもこうしてリラックスして構えられる日があれば、精神面でも助かる。藤川などは、井川が先発の日は6回くらいまでは寝ていたほどだ。井川はそれほど、信頼のおける先発投手だった。ローテーションの軸を任せるエースというのは、それくらいの存在でなくてはいけない。13年の阪神はそれが、2人の外国人投手だった。

外国人投手が2人も先発ローテーションに入って1年間を投げる球団など、そうあるものではない。阪神が13年に2位になったいちばんの要因は、メッセンジャーとスタンリッジ。1人でも欠けていたら、Bクラスになっていても不思議ではない。

メッセンジャーは来日当初は中継ぎだったが夏場から先発に転向し、翌年から先発ローテーションに定着した。スタンリッジは10年の開幕直後に入団してから4年間、先発で安定した成績を残した。そういう意味では、10年からの阪神の外国人投手の補強は成功していた。

13年を戦って露呈した阪神の補強ポイントは、ストッパーと4番打者。そこを補うためにスタンリッジとの契約を切って、抑え候補の呉昇桓《オスンファン》を韓国から獲得した。4番打者候補には、新外国人のマウロ・ゴメスと契約した。いずれも緊急の補強箇所だったので、方向性は間違っていない。しかし実績のあるスタンリッジを残し、ストッパーはほかで補う方法も考えられた。呉が成功を収めれば何も問題はないが、仮に失敗して、スタンリッジが抜けた先発の穴が埋まらなければ、批判はそこに集まるだろう。

第4章

選手育成の重要性

4-1 キャンプ

若手主体の秋、シーズンに向かう春、いずれも大事なキャンプ

シーズンを戦う準備として、そして選手を鍛える場として、プロ野球チームは春と秋にキャンプを行う。同じキャンプといっても、春と秋とでは内容が違う。春は主力も参加して、シーズンに向けての調整が中心。秋は若手主体で、個人を徹底的に鍛える。

一般的には主力選手が集まり、「球春到来」とされる春季キャンプのほうが注目度は高いが、プロ野球の現場は秋も決して軽視してはいない。むしろ、次代を担う若い選手を育成するという観点では、秋季キャンプのほうが重要だ。ここではまず、秋季キャンプから話を進めていこう。

秋季キャンプは若手を鍛える場

秋季キャンプの内容は、若い選手に一軍に行けるだけの力を付けさせる、個人練習がメインだ。打撃、守備など、課題のあるところを徹底的に鍛える。一軍に上がれないような選手は走攻守すべてに課題があるものだが、この時期は弱点を補うより、長所を伸ばしていくべきだ。

首脳陣はここでの成果を見て、来春に一軍のキャンプに連れて行くかどうかの判断をする。秋季キャンプのメンバーには、入団して1年が経ったばかりのルーキーから、来年ダメならクビだという覚悟を背負った者も半分くらいいる。若い選手にとって、来季の戦いはすでにここから始まっているのだ。

春も秋もキャンプの内容自体は、どこの球団も大差はないだろう。指導者にとって大事になってくるのは、いかに選手のモチベーションを上げさせるか。同じ練習に取り組んでも、気持ちが前に向いていなければ身にはならない。

選手への接し方だが、私の場合は昔は怒ってやっていたが、最近は褒めて伸ばすではないが、どちらかというとそうなってきた。それは私たちの若いころとは、選手の気質が変わってきたからだ。これは野球だけではないかもしれないが、怒ったらすぐに萎えたり、泣いたりする。昔のように怒ってやる気を引き出すというのは、もう今の選手には合わないのかもしれない。

私はコーチ、監督とあわせて二軍の指導者を7年間やってきた。そのとき二軍のコーチには、選手を〝差別〟してはいけないけど、〝区別〟だけはしておこうと話していた。二軍にいる選手全員が、一軍の戦力にはならない。そうなるどころか、一度も一軍に上がれずに辞めていく者もいるのが現実だ。これは選手には言えないことだが、育成に関して各コーチには、自分のなかで有望な選手をピックアップして、3年くらいをメドに一軍の戦力になるように鍛え上げるよう、考えておいてくれ、と言っていた。

指導者が全員を横並びで考えていたら、全部が薄まってしまう。これも言えないことだが、個々の力量もあるので、技術をいくら鍛えてもモノにならない選手もいる。そこにまで必要以上に手をかけて、有望な選手への注力が薄まっては本末転倒だ。我々は、アマチュアの野球をやっているのではない。プロ野球は、力のある者が勝ち残る世界なのだ。

ただし、それでも練習内容や指導は、みんな同じに扱う。今は、とくにそうだ。平等に扱わないと、そこから漏れた者の不満が周りを汚染し、悪影響を及ぼす。首脳陣はそこへの気配りも、忘れてはいけない。

秋季キャンプの指導は、一軍スタッフが担当する。普段は二軍にいて、なかなか直接見られない有望な若手を、集中して鍛えることができる貴重な期間だ。ここで若手をいかに伸ばせるかが来季や、その先に影響してくる。

選手もここで手応えがあったからといって、その後を怠けていてはいけない。春季キャンプに入るまでの約2カ月間に、自分でどれだけの練習をやったかが、春になると明らかな差になって表れるのだ。

若い選手は、秋季キャンプの3週間で伸びる

若い選手は秋季キャンプの3週間で伸びる。すごく、伸びる。よく「心・技・体」というが、私は若い選手、とくに二軍レベルの選手は「技・心・体」の順番ではないかと思っている。まずは一軍に行くには、最低限このぐらいのことができないと、戦力にはならないという技術を教えてやることが最初だと思う。すごい技術を教えてやると、選手の食い

付き方が違う。そこで興味を持てば、練習にもより身が入るようになる。

高卒の選手は、最初の1年は野球をする体づくりをするべきという指導者や、球団の方針もあるが、そういう単調な練習は選手もなかなか興味を持たない。プロに入ったのだから、プロの技術を教えてやる。それで自分に足りないところに気付けば、自ずとそこを鍛える練習をする。そうして練習することで体もできてくるし、1年間野球ができる体力も付いてくる。

一時期の阪神は、ドラフトで獲った高校生を、最初の1年間はほとんど試合に使わず、体づくりばかりさせていた。私が現役のころは、2月のキャンプに来た新人はケガをさせないように、腫れ物に触るような、お客さん扱いだった。若いうちは体力もそうだが、技術も吸収力が高い。結局はこの時期に技術を教えなかったことが、後々の伸びにつながらなかったこともあったと、私は思う。一軍の戦力を選ぶのに、技術がない者は選ばない。体力がついてから技術を教えるのは、遠回りだ。

活気がなかった、オリックスの秋季キャンプ

オリックスの秋季キャンプは若手を鍛えるというより、その年を反省した、反復練習のような内容が多かった。なぜかというと、ずっと勝てていなかったからだ。普通はある程度、実績のある選手は参加を免除されるのだが、オリックスはシーズン中に不調だったり、故障したような主力が、メンバーの半分ほどを占めていた。

そんな選手が多く集まるような秋季キャンプは、活気がない。秋季キャンプは一軍の監督、コーチが指導するので、主力級の選手たちの力量は把握している。秋季キャンプで、普段は二軍にいる選手たちを直接、見られる機会は貴重だ。シーズン中は報告しか受けていなかったが、いざ自分が接すると違うものが見えるかもしれない。一軍のスタッフが新鮮な目で見るから、二軍スタッフには日常になって見えなかった、若い選手のいいところに気付いたりもする。オリックスがそういう機会を逃していたのは、実にもったいなかった。

主力メンバーは選手の志願もあったが、フロントからの要望で参加した選手もいた。来年勝つための取り組みを秋からやっているのかもしれないが、秋は若手を鍛えるという趣旨から考えると、望ましいことではない。フロントが秋季キャンプのメンバーに主力を入れてくるように、オリックスは球団として下から若手を育てようという意識は感じられなかった。

勝てないので毎年、付け焼き刃の補強をする。育成をおざなりにするから、若い選手が育たない。私が秋季キャンプに若手を連れて行こうとしても、そこまでのレベルに達している選手が少なかった。チームに安定してAクラスに入る力があり、そこに若い力を発掘して加えていこうという阪神とは、まったく逆だった。完全に悪循環にはまっていたオリックスの秋季キャンプは、充実しているとは言い難かった。

春季キャンプで、首脳陣は選手を見極める

春季キャンプが行われる2月は、シーズンに向けてもっとも大事な時期だ。今はキャンプが始まって10日目くらいから、練習試合などの実戦に入る。キャンプ後半は主力やベテランが試合に出始めるので、若い選手は早い時期にいい結果を出さなければならない。

それと同時に、実績はありながら不振が続いている選手も、安穏とはしていられない。復活して、首脳陣に戦力と認めさせられるか。それを証明するのに、時間の猶予はない。若手と同じく、早い時期からアピールする必要がある。首脳陣は同時点で同じ力なら、若

い選手を使う。

春のキャンプは、シーズンを戦うための一軍メンバーを見極める時期でもある。選手はここで、ふるいにかけられる。シーズンを通してずっと一軍にいる選手、一軍の選手にケガや不調があれば入れ替わる選手、引き続き二軍で鍛える選手と、見極めをしていく。シーズン中にも二軍との入れ替えがあるが、1年間に一軍に登録される選手は、投手と野手をあわせてだいたい40人くらい。この数字が、一軍クラスのメンバーということだ。首脳陣はそれを、春季キャンプで見極める。

春季キャンプで、どれだけチーム力を上げられるか

春季キャンプに入る段階で、ある程度チームの構想などは決まっているので、ここで大きくチーム力が上がるということは、あまりない。たまにアテにしていなかった若い選手が突然、驚くような伸びを見せることがあるが、そんなことがあれば計算外のよろこびだ。なので大事なのはやはり、戦力の見極めということになる。とくに新外国人選手、即戦力で獲ったドラフト上位の選手には注意を払う。

新外国人選手がキャンプにいざ合流して、がっかりすることはいくらでもあった。13年に阪神に来たブルックス・コンラッドを私は第2クールで見たが、すぐにダメだと思った。阪神の首脳陣も同じように感じて、がっかりしていたかもしれない。

即戦力で獲ったドラフト上位選手は、今はだいたい一軍のキャンプに連れていく。あれはもちろん、一軍の監督が自分の目で直接見たいという意向だ。ただ新人の場合は1月からの合同自主トレで動きを見ているので、ある程度の見極めはできている。その時点で一軍のキャンプに参加させるのが難しいと判断すれば、連れてはいかない。

阪神とオリックス、注目度の違いがキャンプに与えた影響

03年の優勝以降ほとんどAクラスにいた阪神と、私が監督になるまでの10年間で5回も最下位になったオリックスとでは、チームの成熟度に大きな違いがあった。

キャンプではケガでリハビリ中の者を除いて、ベテランや主力も基本的に全体で同じ練習に加わる。ただし、実戦に入る時期に関しては、配慮する。金本クラスの選手やローテーション投手は、開幕から逆算して実戦に向かわせるようにする。全体練習のあとの特打や

特守も、だいたいは若手を中心に行うのだが、そこにベテランや主力が調整したいから参加させてくれと言ってきたら、そちらが優先される。キャンプ後半はそうなるから、若手は前半からアピールする必要があるのだ。

オリックスでは、とくに野手にチームの中心になる選手がいなかった。1年目はアレックス・カブレラ、2年目はT－岡田、3年目は李大浩と、3年間で毎年4番打者を変えざるを得ない状況だった。阪神ではいつもスターティングメンバー表の4番のところに、金本と書いていたのとは大違いだ。4番が決まらないことには、打線は組めない。そういう意味で、阪神はチームとしてある程度完成されていたが、オリックスの成熟度はまだまだだった。

オリックスがチームとして成熟度が低かったとはいえ、選手たちはキャンプでの練習はしっかりやる。しかし、あまり身に付いているようには感じられなかった。1つは、選手の気持ちにあったと思う。私には、選手が練習をやらされてやっているように見えていた。ずっと勝てていないチームだからなのか、周りから注目されない環境だからそうなるのか。

注目度でいうと、阪神はキャンプにもマスコミやお客さんが多く来るので、どんな練習も手が抜けない。いつも、誰かに見られている。トイレに行くだけで、お客さんが見ているほどだ。ダラダラした姿は見せられないから、グラウンド間の移動も、オリックスの選手は平気で歩いているが、阪神の選手はジョギングで行く。グラウンドにいる限り、まったく気を抜くところがないのだ。そういう影響もあるかもしれない。

私が阪神の監督になった04年に、近鉄から左投手の前川勝彦が移籍してきた。01年に12勝したこともあり、近鉄では主力級の投手だった。その前川がキャンプで、「練習がしんどい」と言う。練習内容は、近鉄とたいして変わらない。なぜかというと、ウォーミングアップから常に見られているから、小さなことでも手が抜けないので疲れるというのだ。同じキャンプでも、やはり阪神や巨人のように、お客さんが多いところで練習するのは選手にプラスになると思う。常に緊張感を持って練習するのと、緩い雰囲気のなかで練習するのとでは、身に付くものの質や量に違いが現れるはずだ。

そういう意味で、監督になってオリックスのキャンプを率いたときに感じたのは、ぬるい空気だ。前年から引き続きいるコーチも、のんびりしていた。目の前で選手たちがアップを始めているのに2~3人で固まって、緊張感なく何かを話している。だから私はいちばん最初にコーチたちに、「アップから、自分の担当の選手は見ろ」と厳しく言った。そういうところからも、緊張感の感じられない環境だった。

阪神とオリックスのキャンプ地の○と×

私が現役のころのプロ野球のキャンプ地といえば、四国か九州が定番だった。本州に比べて温暖だとはいえ、2月の四国や九州は野球をするにはまだまだ寒い。必然的に調整のペースは上がらず、紅白戦などの実戦に入るのは2月の末で、3月始めのオープン戦直前だった。

00年代ごろから各球団が春季のキャンプ地を沖縄に移すようになり、本土と比べて暖かい土地のため調整のペースが早まった。やがて多くの球団が沖縄に行くようになると、練習試合を組めるなどのメリットもあり、今ではほとんどの球団が沖縄でキャンプを行うようになった。

オリックスのキャンプ地の宮古島は気候も温暖で、いいところだ。キャンプの施設も、雨が降っても室内で最低限のことはできる。あれくらいの施設があれば、キャンプを行うのに大きな不足はない。二軍も車で10分くらいのところにいるので、キャンプ中の一、二軍の入れ替えもできる。自分のチームのことだけを考えればいい環境なのだが、島にオリックスしかいないので、紅白戦以外の実戦練習ができない。2月は早い時期に実戦をやって、若い選手を見極めたいが、宮古島にいると相手がいないのがデメリットだった。

阪神は一軍が沖縄の宜野座村で、二軍は高知の安芸。こうなると、キャンプ中に一、二軍を入れ替えるのは難しい。安芸では1965年からキャンプを行ってきた長い歴史があるので、今さら二軍も引き上げて沖縄に行かせるのは、なかなか難しいのだろう。現場としては、二軍も近いところにいるほうがありがたいのだが、これぱかりは現場の一存でどうにかなるものではない。

沖縄でキャンプを始めたころは、設備が整っていない部分もあった。2月の沖縄は雨が多くて、そんなときは練習に困ったが、今は地元の努力などによって室内練習場が建てられたり、どこも不足のない施設が用意されている。

施設と環境に充分なものが用意されているのだから、キャンプ地について言い訳はできない。あとは選手たちが、いかに充実した1カ月を過ごすかだ。

4-2 二軍

チームは一軍だけで戦うのではない、二軍をあわせた全員が戦力だ

チームは一軍の28人だけで戦っているのではない。一、二軍あわせての70人が戦力だ。だから一軍監督は、二軍も自分の目でしっかり見ておかなくてはいけないと常に思っている。私は阪神の監督時代、夜に甲子園で一軍の試合、昼は鳴尾浜で二軍の試合というスケジュールのときは、時間の許す限り、二軍の試合にも足を運んでいた。

そのときは必ずフロントの人間も、誰かが一緒に来ていた。もし来ていなければ「フロント、誰も来てへんやん」と私が言うので、来ざるを得ない。フロントにも、一軍だけが戦力ではないことを、わからせたかったのだ。

一軍監督の私が見に行くと、選手は面白いほどに反応が早い。ネット裏のブースに私の姿を見つけると、すぐにピリっと引き締まるのがわかる。試合が始まると、ずっと調子が良かったのに、私が行ったら緊張して打てない選手もいる。一軍に上がったら満員の甲子園で打席に立たねばならないのに、こんなことくらいで打てない選手は厳しい。逆に、私が見に行くときだけ打つ選手もいる。そういう選手は、今でいう何かを〝持っている〟のか、あるいは一軍監督が見ている前でも動じない精神力があるのか。前者はともかく、後者であれば頼もしい。

一枚岩ではなかった、オリックスの一軍と二軍

オリックスの一軍は京セラドーム大阪、二軍は神戸を本拠地にしていた。距離の問題があって、なかなか二軍のゲームに足を運ぶことはできなかった。見に行けたのは一軍のナイターがほっともっとフィールド神戸であって、隣のサブ球場で二軍のデーゲームがあるときくらいだ。阪神のときと比べて、二軍戦を視察する回数は少なくなってしまった。

阪神のフロントは、私が率先して二軍の試合に来させたこともあるだろうが、二軍に対

しても情熱を注いでいた。しかしオリックスのフロントからは、二軍への熱意は感じられなかった。熱意がまったくないわけではないのだろう。試合はけっこう、見に行っていたようだ。調子が悪くて二軍に落とした選手が活躍すると、二軍の監督やコーチより先に、フロントの人間が私に「今日、T－岡田がホームランを打ちました。調子が上がっています」と報告に来る。普通、そんなことは一軍と二軍の監督、コーチ同士でする話だ。フロントが不必要に現場に介入するのは、決していいことではない。残念だが、オリックスのフロントは二軍への情熱の傾け方を間違っていた。

なぜ二軍選手の報告が、現場より先にフロントから私のところに届くかというと、オリックスの一軍と二軍は風通しが悪く、一枚岩の関係ではなかったせいもある。シーズン中に、一度も二軍監督と会わなかったことすらある。阪神ではオールスター期間中に一、二軍スタッフが集まる機会があって、そこで二軍選手の報告を受けるのが通例だった。

しかしオリックスの1年目は、二軍から誰も来ないし、そんな機会が設けられる気配もない。長く球団にいる小林晋哉チーフコーチに聞くと、今までにそんなことはしたことがないと言う。これには、「ウソやろ⁉」と信じられなかった。オリックスは一軍と二軍が別のチームのようで、一軍は大阪、二軍は神戸で、それぞれが別々に動いているようなものだった。

一軍はシーズンに入ると遠征に出たりするので、時間を取って二軍とコミュニケーションや話し合いができる機会が限られている。オールスター期間は公式戦が休みで、スタッフ同士の話し合いはもちろん、やろうと思えば二軍と合同で練習もできる。そんなことができるのはシーズン中でこのときしかない、貴重な期間だ。阪神では普通にやっていたことを、オリックスではまったくやっていなかったことに驚いた。

一軍に昇格させる選手は、一軍から二軍に打診して、二軍スタッフが目ぼしい選手を推薦してくる。そこでコーチ同士が話し合い、最終的に監督が決定を下す。しかし、お互いが風通しの悪い関係なら、二軍が推薦してきた選手に対して、一軍側はどうしても疑心暗鬼になってしまう。そう思いながらも、オリックスはずっと同じやり方でやってきたのだろう。そういう悪い体質が、チームに染み込んでいた。

私がオリックスの一軍監督に就任するとき、二軍監督には気心が知れてコミュニケーションがとれる人間を希望し、弓岡敬二郎らの名前を挙げていた。しかしフタを開けてみると、新井宏昌さんが二軍監督になっていた。私がオーナーと話しているときは新井さんの名前も出なかったが、知らないところでオーナーのひと言で決まったようだ。

詳しい経緯は知らない。私はただ、「二軍監督は、新井さんに決まりました」と報告を受けただけ。新井さんと私はそれまでに接点がなく、新井さん自身も一軍スタッフと対話する姿勢ではなかった。ほかの二軍スタッフの選定にもほとんど私の意見は取り入れられず、球団が勝手に決めたようなものだった。一軍と二軍がコミュニケーションを図らない体質の根本は、こんなところにあるのだろう。二軍の選手を一軍の戦力にする仕事は、とてもやり辛かった。

かつての阪神も、一軍と二軍の風通しが悪かった

オリックスの一、二軍のことを書いたが、私が二軍監督をしていたころの阪神も、一軍との風通しはあまり良くはなかった。当時の一軍監督は、野村克也さんだった。

野村さんは二軍から選手を求めるときに、「何か1つ、秀でたものがある選手」という言い方をしていた。たとえば「いちばん球が速い」、「いちばん遠くに飛ばせる」、「塁に出たら走れる」、そういう選手はいるかと言ってくる。選手には、それもたしかに必要だ。しかし、素質としてそういうものを持っていても、すぐに一軍に上げて使える選手かとい

うと、それはまた別の話だ。

そうはいっても、一軍監督の要求だから応えざるを得ない。井川慶が一軍に上がったときは、二軍での実績が何もなかった。ただ二軍では、井川がいちばん速い球を投げていた。「そのかわり、ストライクは入りませんよ」と伝えたが、「それでもいい」とのことだったので、井川を一軍に上げた。

濱中治も同じように、「遠くに飛ばせるのは誰や」と言われて一軍に上げた。そのとき二軍では関本健太郎（現賢太郎）が打率3割で、濱中が2割2分ほどの成績。結果を出しているのだから、二軍からは関本を推薦したい。ほかの選手に対しても、頑張れば一軍に上がれるのを示すことになる。だけど先に上がったのは、濱中だった。

あのころはこちらが選手を推薦して一軍に送っても、一度も打席に立たず、投手でも登板することなく、二軍に落ちてくることがよくあった。一軍に上がった選手は、チャンスをつかむ気でいる。試合に出てダメなら、その結果を踏まえてまた頑張ることができる。しかしその機会すら与えられなければ、気持ちが萎えてしまっても仕方がない。そうして再び二軍に落ちてきた選手に、もう一度頑張れと言っても、なかなか難しいものだ。野村さんと私の、野球に対する発想が根本的に違っていたことが原因だろう。

私は野村さんの前に監督をしていた吉田義男さんに、「帰ってこい」と言われて阪神に戻ることになった。戻って最初のシーズンが終わってから監督が野村さんに替わったので、私の気持ちのなかにギャップがあったことも否めない。

選手には二軍のときから、勝つよろこびを教えるべき

一軍は勝ち負けにこだわり、二軍は勝敗よりも若い選手を育てる場といわれるが、私はそれに全面的に賛成はできない。たとえ二軍でも、勝たないと野球は楽しくならない。勝つ味やよろこびも、二軍のときから選手に教えてやるべきだ。

私が阪神の二軍監督をしていたとき、一軍は3年連続最下位だった。その間に二軍は2回優勝して、優勝を逃した年も2位だった。

オリックスでは二軍助監督兼打撃コーチとしての2年間で、1年目は4位、2年目に優勝した。オリックスで現役を引退したあと、仰木さんに声をかけてもらって二軍を指導することになったが、そのときは高卒の選手が中心で、打者の打率がほぼ全員、1割台。8番を打っていた杉本尚文という捕手が唯一、2割そこそこくらいだった。はじめにこの数

字を見せられたときは、ミスプリントかと思ったほどだ。

そのなかでいちばん若い山本栄二をずっと4番で使って、91年ドラフト2位の萩原淳も3割を打った。ジェームス・ボニチという外国人は最初はバットにボールがまったく当たらなかったが、使い続けているうちに伸びてきて、萩原と首位打者争いをして、最終的に3冠王を獲った。そうやって野手を強化して、2年目で優勝した。

二軍が活性化すれば、一軍にも必ずいい影響が出るものだ。私がオリックスの二軍にいるあいだ、一軍は2位、優勝という成績を収めた。

そう考えると、二軍は優勝して日本一にもなっているのに、ヤクルトを優勝させた野村監督を呼んできても、一軍はずっと最下位だったあのころの阪神は、いびつだったと言わざるを得ない。

阪神の二軍で、ベテランのクリーンアップが存在した不思議

選手を育てることを目的にしていれば、二軍の首脳陣は同じ力量か、あるいは多少は劣っていても実戦では若い選手を使いたいものだ。ところが私が古巣に戻って1年目の98年、

二軍の打撃コーチに就いたときの阪神は、そうではなかった。

当時は、西鉄時代に稲尾和久さんとバッテリーを組んでいた和田博実さんが二軍監督で、石井晶さんがチーフ打撃コーチだった。97年はオリックスのベンチから阪神を見ていたが、そのときの阪神の二軍のクリーンアップは山下和輝に、ともに近鉄から来た畑山俊二、中村良二。3人あわせて、年齢は100歳近くになっていた。それで私は阪神に戻ったときに、「彼らは一軍の戦力にもならないし、使う必要がない」と進言した。すると和田監督は「打順はお前に任せる」と言ってくれたので、「では3番・関本、4番・濱中、5番・北川博敏でいきます」と答えた。当時、関本と濱中は高卒2年目で19歳だった。そうしたら、「いや、それでは試合に負ける」と返された。

負けると言われても、97年はその前の年にほとんど全員が打率1割台だった選手を私が鍛えて、オリックスが優勝した。弱かった打線を強化して優勝した自負は、多少なりとも自分のなかにあった。阪神は3人で100歳のクリーンアップを組んで、オリックスに敗れて5位に終わっている。オリックスで優勝して阪神に帰って、「そのクリーンアップでは負ける」と言われたことには、納得がいかなかった。

勝負にこだわって、一軍では使えないが、二軍では打てるベテランを起用しても意味がない。二軍は育成の場で、勝ち負けは二の次ともいわれるが、二軍の若い選手でも試合に使い続けて技術がついてきたら、自然と試合にも勝てるようになってくる。その証拠に、私が阪神に戻った98年は関本、濱中らの打線が打ちまくって優勝した。

和田監督らにすれば、3人のベテランを入れるほうが勝てると思っていたのだろう。だが彼らはいくら二軍で結果を出しても、一軍では厳しいという評価が下された選手だ。それならば、若い可能性を伸ばすほうに注力するべきだ。関本も濱中もプロ1年目から、二軍戦でたまに7番や8番の打順で使われていた。とりあえず場を経験させる意図があったのかもしれないが、彼らは下位打線を打つ打者ではない。そんな打順を打たせても、伸びる材料にはならない。二軍とはいえ、責任のある中軸を打たせて、そこで成功なり、失敗をしてこそ得るものがある。

二軍の野手には、とにかく打つことを教える

関本も最初は、打撃が全然ダメだった。構えから指導して打ち方を変えて、それで打てるようになってきたら、自分でまた打ち方を考えたり、配球を読むようになって、さらに

打てるようになってきた。結果が出ることで、野球が面白くなってきたのだ。こちらが教える以上に、自分からあらゆることを身に付けていった。それは、濱中にしても同じだ。

私は二軍の野手にはまず打撃、打つことを教える。野手はみんな、打ちたいものだ。1年目からバント教育なんて、する必要はない。まずはある程度打てるようになって、一軍に上がってもクリーンアップを打てる打力はないとなれば、それからバントを教えればいい。

私の阪神二軍の1年目には、こういうことがあった。公式戦で初回に1番が出塁すると、判で押したように2番にバントさせる。打撃コーチとしては、そんなことは意味がないと思っていたので、監督に進言した。

「打撃コーチは、打つことを教えるのが仕事です。送りバントで走者を二塁へ送るのは、一軍で点を取る方法。まだしっかり打てるほどの技術がない、発展途上の選手には、まず打つことを教えたい。だから、バントは二の次でいい」

そう言ったら監督は、

「いや、俺はバントのサインは出してない」

と言う。私は事情がよくわからなかったが、正解をたどると、三塁ベースコーチに立っ

ていた内野守備コーチが、5回までサインを出していた。開幕してから、

「何でこんなに、バントばっかりするんやろう」

と思っていたが、私はそれをまったく知らなかった。守備コーチが、攻撃に関する作戦を指示する必要はない。それで私は、

「5回まで、攻撃に関するサインは私が出す」

と言って、バントはやらせなかった。

打てない選手が、バントをしても意味がない。野手にまず大事なのは、打つことだ。一軍に行って2番打者になるのであれば、バントが仕事かもしれない。しかし2番だからといって、いつもバントをする場面が巡ってくるわけではない。二死満塁なら、打つしかない。どんな打者も、まずは打つことから教えていかねばならない。

二軍慣れした選手は、不要でしかない

一軍ではからっきしダメなのに、二軍では〝顔〟で打てるのか、重圧がないからなのか、本塁打王などになる選手は珍しくない。二軍でも結果を出したことは誇るべきだが、二軍

で獲ったタイトルに価値はない。しかも二軍の本塁打王になった選手は、得てして一軍では活躍しない。その点では、2013年に阪神の森田一成が二軍の本塁打王になったのは、少し心配な部分でもある。

早くから一軍の戦力にすると目をつけてきた選手は、だいたい3〜4年で一軍に上がる。そこから外れた者や、目をかけていても思うように伸びなかった選手らが、5年も6年も二軍で過ごすことになる。そうなると一軍に上がる情熱が薄れ、向上心を欠いて、二軍慣れした選手になってくるのだ。

14年でプロ7年目になる森田は、ここが限界だろう。14年に一軍で成績を残せなかったら、クビになっても不思議ではない。このまま置いておいて、二軍でいくら本塁打を打ったところで、それにはまったく意味がない。

たとえシーズンの多くを二軍にいるような選手でも、一軍に何かあったときに戦力になる選手はいい。そういう意識のある選手は、普段の練習から真剣に取り組んでいる。しかし、そうではない、ただ二軍で過ごしているだけの者は、周りの選手にいい影響は与えない。二軍の顔役のように収まっている選手なんて、はっきり言っていらない。

4-3 選手育成

チームの未来にかかわる育成力

たとえドラフトで獲得した即戦力の選手でも、何もしなくてそのまますぐにプロで使えるということは、ほとんどない。どんな選手でも何らかは、育成の手をかけてやらねばならないものだ。技術で足りないところを伸ばしてやるのか、どう起用してやるのがベストなのか、その選手の適材適所はどこなのか。そういったことは、首脳陣が配慮してやらなければいけない。これらは、チームの育成力である。育成能力があるか、ないか。それによってチームの未来は、自ずと変わってくる。

チームリーダーは育成するべきか

チームには、リーダーが必要だ。しかしそれは、フロントや首脳陣が策を講じてつくったり、育成してできるものではない。そういう資質を持った選手がグラウンドで結果を出して、自然となっていくものだ。

鳥谷敬は、チームリーダーというタイプではない。彼は自分のことを黙々とやる選手で、私が監督なら鳥谷をキャプテンにはしない。鳥谷は早稲田大4年のときもキャプテン就任を打診されて断っている。それで、のちに広島に行く比嘉寿光が、沖縄出身者で初めて早稲田大のキャプテンになった。

キャプテンとは、チームでいい成績を残している選手を自動的に任命するというものではない。しかしそれ以前に、最近は降って湧いたように各球団でキャプテンを置くようになったが、そもそもプロ野球にキャプテンが必要なのか。選手会長もいるのに、私にはその必要性がまったく感じられない。

阪神時代は金本知憲がリーダー的な存在だったが、私はわざわざ彼に「お前がチームリーダーや」などと言ったことはない。彼の振る舞いや、グラウンドで残す結果を周囲が認めて、自然とそうなっていたのだ。

日本人の4番打者の育成は難しい

日本人選手で4番打者を一から育成するのは、なかなか難しい。今の12球団を見渡してみても、日本人で本当の4番といえる打者が何人いるだろうか。13年もシーズンを通して4番を打ったのは、終盤はケガをしたが、日本ハムの中田翔くらいではないか。開幕から今シーズンは1年間通して、この選手に4番を任せると決めて、選手はそれを全うする。それが、本当の4番打者だ。

4番打者の結果は、チームの勝敗に直結する部分が少なくない。打てない者を4番に置いておくと、チームもその打者と運命をともにすることになる。結果が出なくとも、将来のために我慢して4番を打たせるのは、かなり勇気がいることだ。多くの球団はそれに悩んでいるから、手っ取り早く外国人選手を連れて来て、そのポジションを埋めているのである。

日本人で4番打者をつくろうと思えば、4番を打てる資質のある選手をドラフトで獲得して、手塩にかけて育てていくしか方法はないと思う。そのためにはスカウトの眼力、チームの育成能力がなくてはいけない。

エース投手は、日本人でつくることができる

エースは、日本人でつくれる。現実に、私が監督を努めたときもエースは日本人だった。オリックス時代は金子千尋が、そういう存在だった。オリックスに行ってキャンプで金子を見たとき、こいつは勝てる投手だと思った。それで金子に、開幕投手を任せた。開幕投手を託すというのは、「お前がエースだ」という首脳陣からのメッセージだ。開幕戦は無四球完封で勝ったが、その後は負け続けて、そのたびにミーティングを繰り返した。その効果が現れて、夏場から13連勝という立派な結果を残した。

勝ち星の数ではなく、年間で200イニングス近くを投げてくれるのがエースだと思う。200イニングスといえば、だいたい年間の1/6。それを1人で投げきるというのは、年間を通してローテーションを外れず、それでいて一度の登板ごとに平均で7回以上を投げる、

安定した投球を続けていることの証しだ。このような内容の投球をしていれば、勝ち星も自然と付いてくる。そういう投手の存在は、チームにとって本当にありがたい。

私のオリックス1年目だった10年の金子は、30試合に登板して投球回数は204回1/3で、17勝8敗。まさにエースといえる存在だった。ただ金子の難点は、プロ入り前からヒジに故障を抱えていて、入団後もときどきそれが再発することで、安定感に欠けることだった。11年も開幕投手に予定していたのに、キャンプ中に右ヒジを手術して出遅れ、私が勝負をかけた3年目の12年もキャンプから故障を発生し、シーズンは4勝しかできなかった。期待していたエースの不在は、大誤算だった。

私が率いた阪神でエースといえば、井川慶だった。井川も毎年のように年間200イニングス近くを投げ、安定した投球を続けていた。そんな井川もプロ入り3年目くらいまでは、一本立ちするにはまだまだという存在だった。1年目は高校時代から腰痛を抱えていたこともあり、走ってばかりの〝陸上部〟。2、3年目も二軍ではワンポイントでの登板ばかりだった。

しかし馬力があって、速い球を投げるのは魅力だった。当時は若手に有望な投手がいなかったことも、井川には幸運だった。井川を何とか一人立ちさせて、一軍のエースにしようと注力した。そういう意味では、井川はエースとして育てたということができる。

大物ルーキーの取り扱い

ドラフトで獲得した大物ルーキーの扱いには、大なり小なり気を遣うものだ。私が阪神監督時代に獲得した、いちばんの大物ルーキーは、やはり鳥谷だろう。鳥谷を獲得したときは、チーム事情から使い方が難しいところがあった。Bクラスにいるチームなら、育てていく名目でなんの問題もなく試合に使えるのだが、鳥谷が入る前年の03年に阪神は優勝して、鳥谷と同じ遊撃の藤本敦士は、規定打席に達して3割を打った。私は04年から監督になったが、優勝した年は内野守備走塁コーチだったので、よけいに複雑な気分だった。

しかしあのときは、近い将来、1~2年先に内野はこうなっているという青写真が、私の頭のなかにあった。そのために1年目から経験を積ませないといけないので、開幕から鳥谷を使った。

藤本を外して鳥谷を使うことに当然、批判的な声もあった。しかしそんなことを気にしていては、チームはつくれない。新しい選手を起用すると打てない、守れないなど、多少のリスクはある。それでも試合で使っていかないと、選手は育たない。私は先のことを考えて、チームを編成していた。そういう声に対しては、1～2年後を見ていろという思いだった。

新人の鳥谷に経験はなかったが、打撃にも守備にも、持てる能力は間違いなく高いものがあった。藤本の遊撃は周りに助けられてこなしているもので、はっきり言って少し厳しかった。8番打者で、最終的な数字を見れば規定打率に達して3割を打ったのは評価すべきことだが、守備走塁コーチの私の目から見ると、遊撃では目一杯だった。ただし、二塁なら、いけると思っていた。両方が生きる道を選ぶには遊撃・鳥谷、二塁・藤本がベストだと、私は判断した。

04年はポジション変更の過渡期だったが、1シーズンを経験して鳥谷に使えるメドが立った05年に、鳥谷を遊撃に据え、藤本を二塁に固定した。そのことで、二塁の今岡を三塁にコンバートすることができた。足の遅い今岡は、二塁での打球処理に難があった。それに今岡は、鳥谷、藤本と違って、打撃が優先の選手だ。二遊間に比べて守備の負担が軽い三塁に移ったことで、今岡の打撃に好影響が表れ、内野全体にもいい相乗効果が出た。

私が阪神の監督になったときに考えていたのは、内野の布陣と3人のリリーフ投手をどうするか。各選手の適性を見極め、適材適所にうまく選手を当てはめていくことで、結果的にどちらも成功し、05年の優勝につながった。

ドラフト下位指名の選手は、戦力になるか

ドラフトの下位指名といっても、高校生と大学・社会人では、獲得するときの意図が違う。大学・社会人出身の選手は即戦力とまではいかなくとも、短い時間で一軍の戦力になることを期待している。一方の高校生は、いい素材の選手を二軍で時間をかけて鍛えるつもりで指名している。

下位指名の大学・社会人出身選手は戦力になることがあるが、高校生はなかなか育たないのが現実だ。そこそこのところまではいっても、レギュラーポジションを獲るまでは難しい。大学・社会人くらいの年齢になれば、選手としてある程度の形を現していて、これからの伸びしろなども見えるのだが、下位で指名するような高校生は、まさに素材の状態。指名するときに能力や素質があると判定しても、そこからの伸びしろをその時点で正しく判断するのは、かなり難しい。獲る側の意識としては、大っぴらには言えないが、下位指

名の高校生は化ければ儲けものというような感覚だ。本当にいい高校生は、ドラフト上位で指名されている。

今は情報網が発達していて、たとえ下位指名でも隠し玉的な選手はいない。あるとすれば、硬式野球経験のない早稲田大ソフトボール部の大嶋匠を、日本ハムが11年に7位で指名したことくらいか。とはいえ、これは隠し玉指名というより、ビックリ指名といったほうが適しているだろう。

新人選手の情報がすべてコンピュータのなかに収まってしまっている今は、選手の実力がそのまま、ドラフトの順位に表れていると見ていい。

阪神、オリックスの若手育成

今の阪神もオリックスも、若手が育っていない。本当に、育っていない。オリックスはもともとそうだったが、阪神もすぐに補強に頼る体質になってしまったことが、影響している。03、05年の優勝から、球団は毎年勝たなくてはいけないチームになってしまったように思っているが、本当にそうなのだろうか。外からかき集めてきた選手ばかりでたとえ優勝しても、ファンはそれで満足してくれるのか。

チームはAクラスにいて、そのなかで優勝争いをする年もある力を付けてきた。そうありながら優勝できないので、長い目で見るチームづくりを忘れて、目の前の1年で勝負する体質になってきているのは確かだと思う。

毎年毎年、勝つに越したことはないが、それは至難の業だ。それなら今年はたとえ勝てなくても、次の年につながる期待を持たせるチームであってもいいと思う。私はよく、「魅力のあるチーム」という言葉を使っていた。「魅力のあるチーム」とは、「魅力のある選手が、たくさんいるチーム」である。

優勝することが難しいシーズンであれば、これからお客さんが見に来たくなるような選手をつくる時間に充ててもいい。完成された選手ではなく、1～2年後に期待できそうな選手を育てる。野手に関しては、とくにそうだ。先発投手は1週間に1回しか試合に出ないが、レギュラー野手は毎日試合に出る。ファンにとっても、そのほうがうれしいのではないか。私は二軍監督の経験があるから、二軍戦にも熱心に足を運ぶファンがいることを知っている。鳴尾浜で応援してきた選手が甲子園で活躍すれば、ファンにとってもよろこびはひとしおに違いない。

育成選手制度は必要か

05年から育成選手制度が取り入れられた。支配下登録の70人を越えて、育成を目的とする選手を保有できるという制度だ。その背景には社会人チームが相次いで廃部になり、若くて可能性のある選手の受け皿になることもあるのだろうが、あえて厳しいことを言うと、私はこの制度は必要ないと思う。実際に本来の趣旨どおりに、うまく活用できている球団はあまりない。

今の育成選手制度は、選手の扱いもシステムも中途半端だ。選手を一から育成するというより、ケガで出られない選手をとりあえず育成選手にしてリハビリをさせる、故障者リストのようなものにしかなっていない。今後もこの制度を続けるなら、制度そのものと、各チームの育成体制の見直しが必要だ。

そして何より必要ないと思うのは、育成選手制度がチームとして機能しないことだ。選手は試合経験を積んで成長するものだが、現状では、支配下登録の二軍選手より劣ると評価されている育成選手が、試合に出るのは困難だ。それならば、育成で獲るようなクラスの選手を集め、各球団が抱えて三軍をつくるか、あるいは四国や北信越の独立リーグなどを吸収し、育成チームとして三軍制にして、三軍同士でゲームができるようにしたほうがいいと思う。それなら、私は賛成する。

第5章

勝つチーム、負けるチーム

5-1 阪神とオリックスの違い

阪神とオリックスにおける、伝統の重さの違い

私は選手、そして指導者として阪神で25年間、オリックスで7年間、それぞれのユニフォームを着てきた。両球団を経験して感じた違いの1つが、伝統の有無だ。

阪神は1935年に大阪タイガースとして創立した、長い歴史がある。そのあいだにいいことも悪いこともあったが、今に生かすべき過去の経験をたくさん持っている。それが伝統というものであり、今の阪神タイガースを形づくっているものだ。

かたや、今のオリックスには、それがない。

オリックスの前身である阪急が生まれたのは、阪神から遅れることわずか1年の36年。

阪急が存続していたら、２０１４年で79年の歴史を誇る、老舗中の老舗球団だ。オリックスが今も阪急のままだったら、球団の重みはもっと違っただろう。

オリックスは阪急から譲渡を受けて、１９８９年から球界に参入した。当初は前球団から引き継いだブレーブスの愛称を使っていたが、91年にチーム名をオリックス・ブルーウェーブと改め、本拠地も西宮市から神戸市に移転した。ここから脱阪急色を強めていったので、オリックスとしての本当の意味でのスタートは、このときだったといえるだろう。

阪神・淡路大震災があった95年には〝がんばろうＫＯＢＥ〟をスローガンに、オリックス・ブルーウェーブとして初優勝を果たした。このときは私も選手としてかかわらせてもらったが、神戸の人々とチームが一体になって勝ち取った優勝は、本当に感動的だった。

阪急の時代と決別し、新しい歴史を積み重ねようとしていたはずだったが、オリックス・ブルーウェーブは、わずか14年しか存続しなかった。

２００４年に起こった球界再編問題によって、その年のオフに近鉄と合併し、05年からオリックス・バファローズとなってしまった。ここから、すべての歯車が狂った。

組織の違い——
フロントと現場が一体になれるか、なれないか

勝つチームをつくるために必要なのは、組織の力だ。プロ野球は現場だけの力でも、フロントだけの力でも勝てない。両者の力が合わさってこそ、結果が出る。そのためには、現場とフロントが同じ方向を向いて、どういうチームをつくるかを、お互いでしっかりと話し合わなければいけない。現場とフロントが1つになって、組織は初めて力を発揮する。

私がユニフォームを着ていたころのブルーウェーブは、現場はグラウンドで全力を尽くして戦い、フロントはプロ野球球団を運営する業務を遂行する。現場もフロントもそれぞれの立場で、勝つチームをつくるという同じ方向を見ていた。

しかし13年ぶりに一軍監督でオリックスに戻ると、そこはまったく別の球団になっていた。

現場に何の相談もなく、阪急や近鉄のユニフォームを着させる球団になっていた。あんなことは私は一切、了承していない。相談どころか、決定事項として紙切れ一枚で通達されただけだった。はっきり言って、不愉快でしかなかった。両球団の歴史を受け継ぐとい

えば聞こえはいいが、それを着て現場で戦う者が納得せずして、伝統が継承されるはずがない。オリックスでは何事も、決定したことが紙切れ一枚で現場に降りてくることばかりだった。ユニフォームの件に限らず、現場とフロントが話し合って何かを決めるということは、ほとんどなかった。

チームづくりにおいても、私が監督で行ったときのオリックスは、どういう意図を持ってチームをつくってきたのかというビジョンが、まったく見えなかった。

チームは基本的に、ドラフトで獲得した自前の選手を育てて戦力にすることを軸に考えてつくっていくべきだ。不動のレギュラー選手も、いつかは衰える。そのときに備えて後釜になる新人をドラフトで獲っておき、レギュラー選手が衰えたときに取って代われるように鍛えておく。ポジションの代替わりが必要になった時期に、自前の選手が思うように育っていなければ、そこで初めてＦＡやトレード、外国人選手の獲得を検討する。こういう順番で、考えていくべきものだ。

それなのにオリックスは、場当たり的な補強ばかりを繰り返しているから、ドラフトで極端な選手獲得をしなければいけないほど、いびつなチーム構成になっていた。外国人を獲るにしても、「誰か、当たるだろう。ダメなら、また獲ってくれればいい」と考えているから、一度に10人もの選手を抱えることになる。

合言葉のように毎年「今年は優勝しよう」と言っても、それは無理だ。補強したからすぐに勝てるなどと、考えるほうがおかしい。しっかりとした方向性を打ち出し、それに沿ってチームをつくっていかないと、勝つチームにはなれない。

阪神時代、私はフロントと頻繁に意見を交わした。チームづくりの方向性から、それこそユニフォームのデザインにいたるまで、必要なことは直接会って話し合った。私の意向が伝わるから、フロントはそれを汲み取れる。私もフロントの考えを知ることで、進むべき道を絞ってチームを導いていくことができる。阪神ではそうして、組織の力が発揮できた。

ユニフォームを脱いだ今、阪神のフロントと現場がどんな関係にあるのか、そのすべては知りえない。だが近年の選手補強の方向性などを見ていると、オリックスのようなチームになっている雰囲気があり、危険な匂いを感じる。

取り巻く環境の違い――阪神とオリックスで大きく違う、マスコミの扱い

仕方のないことだが、阪神とオリックスではマスコミでの扱われ方が大きく違う。

阪神の選手でいるのは、重圧がかかることだ。ロッカールームから出てきたときから、常にマスコミが目を光らせている。とくにスポーツ新聞は阪神担当に多くの人員を割いていて、そのなかに各紙ともエース級の記者を送り込んでいる。記者にとっても阪神担当は、出世への登竜門だ。だからやはり阪神担当の記者は、ある程度野球を知っている者が多い。記事になる量も多くて、活躍すれば大きくもてはやされる反面、負けた原因になろうものなら徹底的に叩かれる。

その一方で、少し活躍しただけでマスコミに大きく扱われるのが、阪神の悪いところだ。これに、とくに若い選手は勘違いをする。確かな力を備えたわけでも、胸を張れる実績を残しているわけでもないのに、自分が一流選手になった気になって、努力を怠る。普段の注目度が低い球団から移籍してきた選手も、阪神独特の環境に戸惑う。注目にさらされる重圧に負けて、あるいは勘違いに浮かれて潰れていった選手を、何人も見てきた。

マスコミから注目を浴びるのは、タテジマのユニフォームを着ている限り、宿命ともいえるものだ。そんな環境にあってどうするかは、選手個人の問題である。これればかりは自分で経験して、学んでいくしかない。

阪神とは逆に、オリックスの選手はマスコミに対する怖さがない。誰かを名指しして、その選手が打たなかったから負けたとはスポーツ新聞には載らない。経験がないから、そうやって記事にされる怖さを知らないのだ。

各紙にとっても、オリックス担当は野球記者の入門編という感覚があるのだろう。経験が浅くて、野球をあまり知らない記者が多くいる。阪神のときは必要のなかった、基本的なところから話をすることもしばしばあった。グラウンドに来る記者らの数も少なく、阪神と比べるとのんびりした雰囲気なのは否めない。

普段から重圧にさらされ、それに打ち勝ってきた選手と、そうでない者。勝負がかかった大事な場面を迎えたときに力を発揮できるのは、前者だと私は思う。

選手の意識の違い――4番打者が露呈したチームの未熟さ

私が監督に就任する前年、09年のオリックスは借金を30個も抱え、5位のロッテに7・5ゲーム差もつけられる断トツの最下位だった。これを含めて過去10年間でBクラスに9回も沈み、5回も最下位になっている。これはもう、小手先の改革でどうにかなる話ではない。抜本的に変えなくてはいけない。だから私は、初めてチームに合流した日に、外野に選手たちを集めて言った。

「お前ら、勝ちたいやろ。優勝したいやろ。そのために俺も力を尽くすけど、今まで勝てなかったんやから、選手は変わらなアカン。今までやってきたことは、全部間違いやったと思うぐらい、変えなアカン。変わらんと、絶対に勝てん」

かなり激しい口調で言い、その後もチームのムードが緩みかけてくるたびに、同じことを繰り返し言い続けた。負けることに慣れてしまっているチームを根本から変えるには、まずは意識を変えさせなくてはいけない。だから私は選手たちに、あえて厳しく接した。なのに肝心のフロントは私が選手を叱ると、すぐに慰めに行く。そうやって甘やかされてきたから、負け犬根性が染みついたのだ。

監督の私はマウンドにも、打席にも立てない。選手をグラウンドに送り出したら、できることは何もない。そこまでの準備は最善を尽くして整えるが、グラウンドで結果を出すのは選手だ。

この投手はチームが勝つための投球をするか、この打者はチームのためにボールに食らいつ いていってくれるか。グラウンドに立っているオリックスの選手をベンチから見ているときは、いつも心配や不安が先に立っていた。

阪神では、そんな心配をすることはなかった。いちいち説明しなくても、選手たちは私が意図していることを理解し、そのためのプレーができていた。そうなるための準備や教育を念入りに行ってきて、選手たちに浸透していた。

それができていないオリックスでは、私の想像を超えた驚くプレーが平気で飛び出した。たとえば同点で迎えた最終回、満塁で打席は4番という場面。ここは早いカウントから、難しいボールに手を出すべきではない。チームの中心に置いている打者なのだから、それくらいの状況判断は、自分でできているはずだと普通は思うのだが、オリックスでは普通ではないことが起きる。いや、実際に起きた。

監督2年目の11年は、シーズン終盤の10月に西武と3位を争っていた。残り5試合となった10月12日に、京セラドーム大阪で行われた日本ハム戦のことだ。場面は、延長10回裏。この年は特別ルールで試合時間が3時間30分を経過すれば、延長戦は新しいイニングに入らないことになっていた。このときすでにその時間を過ぎていたので、これが最後の攻撃だった。2対2の同点で一死満塁、打席には4番のT－岡田。初球は、低めのボールになるフォークを空振り。2球目は外れて、カウント1ボール1ストライク。

このときベンチで、高代延博ヘッドコーチが私に進言してきた。

「『待て』のサインを出したほうが、いいんじゃないですか」

「いや普通、4番に『待て』は出さへんやろ」

「でも、絶対にボール球を振りますよ」

そのとおりだった。3球目にワンバウンドになりそうなフォークを引っかけ、一塁ゴロで本塁封殺。続くバルディリスも右飛で試合終了。T－岡田が全部見逃していれば、3ボール0ストライクで打者有利なカウントがつくれていた。四球でも、1点を獲れば勝ちだ。投手に重圧がかかり、押し出しなどでサヨナラ勝ちしていた確率はかなり高い。この年はこれが響いて最終的に1毛差で西武に届かず、4位でシーズンを終えた。この試合を勝ち切っていれば、3位になってクライマックスシリーズに出ていたはずだ。

あのときT－岡田は、そんなものはまったく必要のない、サヨナラ満塁本塁打が打ちたかったのか。あの場面で初球から難しい球に手を出す神経が、まったく理解できない。同じ場面で打席に立ったのが金本だったら、内容も結果も違っていただろう。チームの顔である4番打者のあの結果は、チーム全体が未成熟であったということの証明だった。

5-2 勝つ理由、負ける理由

チームづくりに伝統が根付いているチームは負けない

日本のプロ野球の歴史上、最強のチームづくりをしていたのはV9時代の巨人であることに、異論は挟めないだろう。ただし、V9の巨人はドラフトが施行される前の自由獲得の時代に集めた選手が中心になっていたので、単純に現在のプロ野球界との比較は成り立たない。

ドラフト導入以降、私がプロ入りして経験したなかでは、1980年代の広島が強かった。チーム全体のバランスもいいし、V9の巨人打線の柱に長嶋茂雄さんと王貞治さんがいたように、80年代の広島には山本浩二さん、衣笠祥雄さんがいた。あのころは対戦していて、巨人より広島のほうが強いと感じたものだ。

あの時代の広島は、チーム全体のバランスと将来像を考えて、ドラフトで選手を獲得していったのが実ったのだと思う。80年代の主立ったメンバーは高卒入団の選手で、山本浩二さん、達川光男さんら大学・社会人出身の選手は少数派だった。当時から高校生を中心に獲っていって、鍛えて戦力に育て上げていた。高卒選手を自前で育てるという姿勢が、今も続いているのには敬服する。チームづくりに一貫した方法を確立していることの証しで、このやり方が広島の伝統になっている。

その後、日本にも93年オフにFA制度が導入され、球団の資金力の多寡がチームの結果にかかわる割合が大きくなってきた。地方球団で資金力に乏しい広島はFAで選手を獲得することは難しく、逆に有力選手の草刈り場になって力を落としてしまった。もし今もFAが導入されていなければ、多少の波はあったとしても、強いチームであっただろう。

西武も伝統的に、高校生を獲って育てるのが上手い。現在、生え抜き野手のレギュラークラスで、大学・社会人出身の選手といえば秋山翔吾くらいだろう。若い選手を育てるためには、監督やコーチ陣の我慢が絶対に必要だ。未熟なところに多少は目をつぶって試合に起用していかなければ、選手は育たない。それを西武というチームは、よくわかっている。

ほかにも2013年に110打点でタイトルを獲って、本塁打も27本放った浅村栄斗が好例だ。08年のドラフト3位で大阪桐蔭高から入団した浅村は、最初は守るところがなくてポジションを転々としていた。しかし13年は一塁に落ち着いたことで持ち味の打力を発揮した。首脳陣がポジションを与え、腰を据えて起用する決断をしたことが、浅村の成長につながり、結果になって表れたのだ。

広島や西武など、チームづくりの根幹に伝統が根付いているチームは、大崩れしない。ただし、高校生を獲って育てるやり方が、すべて是であると言っているのではない。球団ごとに、それぞれのやり方があってしかるべきだ。大事なのは今と5年後、10年後、それぞれを均等に見て、継続性と一貫性のあるチームづくりを行うということ。目の前のシーズンに優勝したいがために、チームバランスを崩してまでFAや外国人選手などで大量に補強して、仮にそれが果たせたとしても、その強さは長続きはしない。無理な補強を行ったあとは、必ず大きな負の代償を払わされることになる。それでいいのか、ということだ。

最低なチームづくりをしていたオリックス

最低のチームづくりをしていた球団はどこかと問われれば、やはり近鉄との合併以降のオリックスと答えざるを得ない。バランスの崩れたチーム編成に、毎年のように起こる監督交替など、チームづくりに一貫性がない。監督が替われば、チームの方針も戦い方も変わる。そんなことが毎年のように行われれば選手は戸惑うし、チームのカラーや伝統などができるはずがない。

合併するにあたっては、選手分配ドラフトが行われた。そこでオリックスが、旧オリックスと旧近鉄のなかから、優先的に25人を選んだ。単純にそのときの実力のみを評価して上位25人を獲ったのだろうが、そこでバランスが崩れた。これが後々に、大きな歪みになってくる。シーズンに入っても両チームのいい選手を獲ったのだから、強くなるはずだったのだが、まったくそうならなかった。

オリックスと近鉄の合併から派生した楽天に集まった選手は、オリックスに行った者たちより力が落ちるメンバーだった。1年目は38勝97敗1分けと惨憺たる成績で、補強も当初は目の前の穴を埋めることに精いっぱいだったが、地道にチームをつくり続けてきた結果、13年に球団創設9年目で日本一になった。05年の合併から10年近くが経って、当時の選手はもうほとんどオリックスにも楽天にもいない。そのあいだにうまく血を入れ替えたのが楽天で、オリックスはそれに失敗した。

オリックスは合併後に勝てない焦りがあったのか、それとも、もともとチームづくりに何の考えも持っていなかったのか。当時のことはわからないが、その場しのぎのドラフトや補強ばかりを繰り返していくうちに、チームがどんどんおかしくなっていった。合併で生じた歪みのツケは、いまだに清算できていない。

常に目の前しか見ていないチームづくりは、上手くいかないどころか、一度失敗すると負の連鎖が止まらなくなることを、オリックスは証明してしまった。

吉田義男監督、星野仙一監督、仰木彬監督のチームづくり

私は選手、コーチとして、3人の監督の下で優勝を経験した。阪神の選手時代の吉田義男さん、オリックスの選手時代の仰木彬さん、そして阪神のコーチ時代の星野仙一さんだ。3人がどんな監督で、どんなチームをつくっていたかを書いていこう。

3人のなかで吉田さんは、勝つための監督だった。選手のポジションを入れ替えたり、若手、ベテランを意識せず、その年に最善のメンバーを使って策を打つ。まさに、現場の

監督という感じだった。

吉田さんが2回目の監督になったとき、私は現役で、そのころは熟成された選手が中心だった。そのなかに池田親興、中西清起、木戸克彦、平田勝男ら若手を抜擢していってチームをつくった。１９８５年は、それが上手く機能した。選手と監督の立場だったので、今とは感じ方が違うかもしれないが、将来を見越して選手を育てたり、チームを編成していくタイプではなかったと私は思う。吉田さんのチームづくりについては、このあとの項でも書こう。

仰木さんとは選手、二軍の指導者としてそれぞれ2年間、オリックスで一緒だった。自分でパ・リーグの広報部長を名乗るほど宣伝活動に積極的で、鈴木一朗をイチローに、佐藤和弘をパンチの登録名にしたりと、アイデアマンだった。そうしてマスコミの注目を集めた裏には、別の気持ちがあったのかもしれない。

同じ関西で阪神ばかりが話題になるなかで、あれこれ手を尽くしてオリックスに注目を集めさせ、野球ではうちのほうが強いということを、アピールしていたのではないだろうかと、今は思う。

そういったところが仰木さんのキャラクターとして定着しているかもしれないが、勝負に対する執着心はすごかった。マスコミに向ける顔と、チームに向ける顔は別。そういう二面性を、自分でコントロールしている人だった。

しかし監督としての仰木さんは、よくわからなかった。4番を打って結果を出した選手を、次の試合の先発メンバーから外すなんて光景は、それまで見たことがなかった。相性やデータをいろいろと考慮していたようだが、私にはああいう感覚は初めてだった。しかも、それで勝つのだから文句は言えない。

しかし指導者の立場で私は、選手に仰木さんの考えを説明するのが難しかった。仰木さんの野球は私の野球観とは別のところにあり、なんとも評価や判断のしようがないというのが正直なところだ。

2003年に阪神を優勝させた星野さんは、吉田さん以上に勝つことに特化した監督だ。強烈なリーダーシップの持ち主で、あのときは参謀役でいた島野育夫さんが選手らに対して、かなりフォローしていた部分もあったと思う。

星野さんは勝つためにに、チームを変えられる監督でもあった。阪神でも就任1年目の02年オフに23人と、全体の約1/3もの選手を入れ替えた。選手の入れ替えばかりでなく、コーチ陣の顔ぶれも大きく変えた。阪神の生え抜きといえば私と田淵幸一さん、和田豊くらい。

ほかには元阪急の佐藤義則さん、元巨人の西本聖さん、ともに元広島の長嶋清幸さん、達川さんと、見事に阪神とは縁のない人たちばかりだ。コーチにまで違う血を入れて、チームを一変させた。

中日で2回優勝して、阪神で18年ぶりの優勝、13年には就任3年目で楽天を初の日本一に導く結果を出したのだから、それは大したものだと思う。チームを根本から改革するには、うってつけの監督だろう。しかし星野さんのやり方は劇薬にもなるだけに、長続きしにくいという懸念もある。

1985年の阪神は、突然変異だったのか

21年間も優勝から遠ざかっていた阪神が、1985年に優勝した。私は79年のドラフトで入団したが、新人のころから周りは能力の高い選手ばかりで、これでなぜ勝てないのか不思議でならなかった。投手力にやや劣るところはあったが、野手に関して1人ひとりの能力は、当時強かった巨人や広島にまったく引けを取っていなかった。

85年の阪神が、なぜ勝てたのか。その要素は、大きくわけて2つある。1つは打ち勝っ

ての優勝という評価だったが、打線がうまく機能したのは、あの年は故障持ちで体に不安があった野手に、災いが巡ってこなかったことだ。

私はプロ4年目の83年に山本浩二さんと本塁打王を争っていたのに、7月にシーズンの後半を欠場する大きなケガを右足に負った。その影響は翌年まで尾を引き、完調になったのが85年だった。腰に不安があった掛布雅之さんも85年は体調が良く、ヒザに爆弾を抱えていた真弓明信さんは、守備の負担を考慮して二塁から外野に転向し、打撃に好影響が出た。そういう、さまざまなプラス要素が85年に集中した。

85年以前も阪神に勝つチーム力はあったが、そのときどきで主力が故障したりと不運に見舞われ、本来持っている力を充分に発揮できていなかった。優勝するときというのは、自分たちの力が及ばないところでの、運などの巡り合わせもかかわってくるものなのだ。

もう1つは、吉田さんが監督になったこと。85年の阪神は、主だった選手は以前から在籍していた顔ぶれだった。この年に大きく変わったのは、監督が替わったことくらいだ。吉田さんは外部からの補強に頼るのではなく、既存のメンバーのコンバートなどで内部を大胆に動かして、チームを再構築した。

私は、84年は足の状態が万全ではなく、リハビリを兼ねて外野に回っていたが、85年は真弓さんとポジションを代えて二塁に戻った。真弓さんと私のコンバートはお互いの攻守にプラスだったのはもちろん、遊撃に守備力のある平田を固定できる副産物も産んだ。捕手も82年のドラフト1位で、それまであまり出番のなかった木戸に、開幕からポジションを与える思いきった起用が上手くいって、木戸は正捕手に収まった。

吉田さんは85年の阪神で、今そこにあるものを最大限に活用して、新しいチームをつくった。その結果、85年はセンターを除いて、ほぼ不動のスターティングメンバーで1年間を戦った。シーズンを通して不動のラインナップを組めるチームは、どこにも穴がないということだ。そういうチームは、やはり強い。

阪神は再び〝暗黒時代〟を迎える危険性が目の前にある

阪神が85年をピークに〝暗黒時代〟に突入したいちばんの原因は、バースや掛布さんの件など、立て続けに発生した球団内の問題だ。それに尽きる。とにかく、問題が多すぎた。選手にも非はあっただろうが、それを上手く処理できなかったフロントにも責任がある。問題が発生したときに、フロントが騒動を最小限で食い止めていれば、あそこまで一気に坂道を転げ落ちることも、なかったのではないだろうか。

それに当時は優勝メンバーに次ぐ世代が育っておらず、さらにその下の若手もほとんど戦力になっていなかった。ドラフトで獲った選手が、思うように伸びてこなかった。そのことが、80年代末からの低迷につながった。これは最近の阪神のチーム事情と似ていて、危険な兆候にある。

もう1つ最近の阪神で危ない傾向は、引退して年齢が40代くらいになった生え抜きのなかに、次の世代の監督やコーチになる候補として名前が挙がってくる者がいないことだ。生え抜きでレギュラーになった選手は、その球団で監督やコーチになるものだが、そういう存在が見当たらない。今、その年代で名前があがるのは金本知憲や矢野燿大、下柳剛らだろうが、彼らは阪神の生え抜きでレギュラーを獲った選手ではない。せいぜい、赤星憲広くらいだろうか。それほど、生え抜きで指導者になる人材が枯渇している。

90年代も生え抜きの優勝メンバーでコーチを務めたのは、佐野仙好《のりよし》さん、木戸、平田くらい。多くはそれより上の世代のOBか、他球団出身者にコーチを任せていた。チームの伝統を継承するために、生え抜きの指導者の存在は必要だ。

若い選手が育っていない。指導者の人材不足。過去の歴史と照らし合わせてみると、今の阪神は危ない時期に差し掛かっている。
これからの阪神が、あの時代に戻る可能性は充分にあり得る。

おわりに

ユニフォームを着ている選手の目線は、グラウンド内の出来事、もっと絞り込んで言えば、自分のプレーの内容や結果に向いているものだ。試合に勝った、負けた。なぜあの場面で、あの投手を打てなかったのか、などと。

それが選手を退いて監督になると、視界はチーム全体を見渡して横に広がり、視野のなかにフロントも入ってきて高さが加わる。私の場合も、選手のとき以上に全体が具体的に見えるようになり、プロ野球という世界が立体化していった。

そうして得た経験から、勝てるチームと勝てないチームには、グラウンドの結果だけではない理由が見えてきた。選手でいるときは、そう深くフロントと接することはないが、一軍監督になればその距離は途端に縮まる。プロ野球は現場の力だけでは勝てないことを、このときに改めて体感した。勝敗を左右する根幹に、球団の意思決定機関であるフロントの存在がある。現場はそれと協調したうえで、グラウンドで全力を尽くす。チームが目指すべきものに対して、両者の視線を一致させて進む。それが、勝利へと至る道筋である。阪神での5年間は優勝監督になることができて、チームづくりにおいても手応えを感じていたが、オリックスの3年間は、私とフロントの見ている景色が同じではなかったことも多く、正直なところ苦難が多かった。監督としては真逆の時間を過ごすことになったが、いずれも私にとっては経験を積むと同時に、見聞を広められ、野球人として成長できる、ありがたい時間を過ごさせてもらったと感謝している。

本書のなかでは阪神、オリックス両球団に対して辛辣なことも書いたが、OBとして発展を願うからこそ、あえて厳しい内容になったことを理解していただきたい。両球団にかかわった者として、阪神とオリックスの日本シリーズが見られれば、こんなにうれしいことはないのだから。

桜前線が北上をはじめ、開花の便りが届くころ、また今年もプロ野球のシーズンが幕を開ける。開幕前の下馬評どおりに進むのか、または、意外な展開になるのか。そのいずれにしても、グラウンドに表れる結果には、そこに至るまでの理由がある。

最後までお読みいただいたプロ野球ファンの方にとって、本書がプロ野球をより深く、もっと楽しむための一助になれば幸いである。

２０１４年、球春

岡田彰布

著者近影

●著者紹介

岡田彰布（おかだ・あきのぶ）

1957年、大阪府生まれ。北陽高校、早稲田大学を経て79年のドラフト1位で阪神タイガースに入団。80年に新人王、85年にベストナインとダイヤモンドグラブ賞を受賞。94年にオリックス・ブルーウェーブへ移籍。95年に現役引退。その後、オリックス二軍コーチ、阪神二軍監督などを経て、2004年から08年まで阪神の監督を務め、05年にリーグ優勝を果たす。10年から12年まではオリックス・バファローズの監督を務めた。野球評論家を経て、23年から阪神監督に再度就任。著書に、『頑固力　ブレないリーダー哲学』（角川SSコミュニケーションズ）、『なぜ阪神は勝てないのか？――タイガース再建への提言』（江夏豊と共著、角川書店）、『オリの中の虎　愛するタイガースへ最後に吼える』（ベースボール・マガジン社）、『動くが負け　0勝144敗から考える監督論』（幻冬舎）、『なぜ阪神はV字回復したのか？』（角川書店）がある。

そら、そうよ 勝つ理由、負ける理由

（そら、そうよ　かつりゆう、まけるりゆう）

2014年3月21日　第1刷発行
2023年9月22日　第3刷発行

著者／岡田彰布
発行人／蓮見清一
発行所／株式会社 宝島社
〒102-8388　東京都千代田区一番町25番地
電話：営業 03(3234)4621／編集 03(3239)0646
https://tkj.jp
印刷・製本／サンケイ総合印刷株式会社

ISBN978-4-8002-1796-7